IMPRESSUM

2. Auflage, 2025

Petersbergstraße 58, 66119 Saarbrücken

www.seume-verlag.de

Layout und Satz, Umschlaggestaltung:
Hauke Niether, Konstruktgestalt, Leipzig

Druck und Herstellung:
ADverts printing house, Riga

ISBN: 978-3-9825878 -1-3

Alle Bilder ohne Quellenangaben stammen vom Autor. Die Karten mit den Wanderrouten sind Adaptionen des offiziellen Stadtplans der Stadt Antwerpen – mit freundlicher Genehmigung der Stadt Antwerpen [https://www.antwerpen.be/nl/stadsplan/stadslagen].

Die Erwähnung typischer Cafés und Restaurants stellt weder ein Werturteil dar, da es in diesem Sektor einen großen Wechsel bei Betreibern und Personal gibt, noch haben Autor und Verlag damit irgendeine kommerzielle Absicht.

* Die Deutsche Nationalbibliothek verzeichnet diese Publikation in der Deutschen Nationalbibliografie; detaillierte bibliografische Daten sind im Internet über dnb.dnb.de abrufbar.

Johan Dieleman

ANTWERPEN

Auf der Suche nach der Seele meiner Stadt

J. G. SEUME

VERLAG

INHALT

PROLOG:

DIE ANTWERPENER SEELE

Liebe Leserinnen und Leser, hat eine Stadt eine Seele? Wie unterscheidet sich Antwerpen von anderen flämischen Städten? Gibt es so etwas wie ein Antwerpener Flair? Wie inspiriert die glorreiche Geschichte dieser Stadt ihre Einwohner? Steckt unsere Seele in den historischen Gebäuden, oder ist der Welthafen die Essenz? Was wäre Antwerpen ohne diese Schelde? Warum besuchten Himmelsstürmer und Künstler diese Stadt, und was war für sie typisch »Antwerpen«? Was denkt der Antwerpener selbst darüber? Glaubt er an etwas? Sind es die »einheimischen« Antwerpener von damals und heute, die ihrer Stadt eine besondere Seele geben, oder gibt es auch »exotische« Einflüsse?

Auf der Suche nach Antworten auf diese Fragen mache ich mit Ihnen sieben Spaziergänge durch meine Stadt. Jeder Spaziergang offenbart jeweils unterschiedliche Aspekte der Antwerpener Seele. Sowohl kleine als auch monumentale Gebäude zeugen sowohl von einer großen Vergangenheit als auch von einer lebendigen und modernen Gegenwart. Antwerpen und seine Geschichte lassen sich Schritt für Schritt entdecken, von West nach Ost. Das mittelalterliche Antwerpen liegt in der Nähe der Schelde. Gebäude und Ereignisse aus dem goldenen Antwerpener 16. Jahrhundert finden wir um das Rathaus und die Liebfrauenkathedrale herum. Noch ein Stück weiter weg von der Schelde spazieren wir durch das barocke Antwerpen von Rubens und den Jesuiten. Anschließend verlassen wir das historische Zentrum, um in die prunkvolle Belle Époque einzutauchen. Nördlich der Altstadt entdecken wir mit Nostalgie das alte Hafenviertel. Der letzte Spaziergang im Süden der Stadt führt uns in die trendige Nachtbarschaft rund um den wiedereröffneten Kunsttempel.

Als Gästeführer übertreibe ich [ein wenig] und würze meine Geschichten mit Humor und Ironie. Ich hoffe, Sie können dies durchschauen und nehmen es nicht zu ernst. Verlieren Sie sich mit mir in unserer Stadt. Das ist der beste Weg, ihre Seele zu entdecken.

Johan Dieleman

PARS
VRBS
ANTV

RPIA
SCALDIS · FLV·
PONS VACCLIVS

DIE KARTE VON BONONIENSIS:

ANTWERPEN IM JAHR 1565

Beim Wandern durch meine Stadt tauche ich regelmäßig anhand der Karte des Virgilius Bononiensis aus dem Jahr 1565 in die Geschichte ein. Bononiensis oder Boloniensis stammte aus Bologna. Mitte des 16. Jahrhunderts ließ sich dieser italienische Maler hier nieder. Er fertigte 20 Holzstiche an, die zusammen einen topografischen Stadtplan ergeben. Sie wurden zu einem großen Ganzen zusammengefügt und von Hand eingefärbt.

Diese außergewöhnlich große Karte [Gesamtmaß 120x265 Zentimeter] war zum Zeitpunkt ihrer Drucklegung die größte und detaillierteste Karte in Europa. Aufgrund ihrer historischen Bedeutung gilt sie als eines der wichtigsten flämischen Dokumente. In diesem Buch finden Sie Ausschnitte aus diesem einzigen noch erhaltenen Originalexemplar, das im Museum Plantin-Moretus aufbewahrt wird.

ANTWERPEN, BRABANT UND DAS HABSBURGISCHE REICH

Unten links auf der Karte [im Ausschnitt auf den vorherigen Seiten nicht sichtbar] weisen die drei Wappen darauf hin, dass sich die Markgrafschaft Antwerpen [das rechte Wappen] im Herzogtum Brabant [das linke Wappen] befindet, das wiederum Teil des Habsburgerreiches war [das mittlere Wappen].

Diese Karte zeigt unsere Stadt aus der Vogelperspektive von Osten nach Westen. Die Stadt Antwerpen [Urbs Antverpia] war auf ihrer Westseite von der Schelde [Scaldis Fluvius] begrenzt, wobei das andere Ufer in Flandern [Pars Flandria] lag. Die Schelde bildete somit die Grenze. Schon Wagner wusste, dass Antwerpen in Brabant lag, denn etwa hier an der Schelde, wo mein erster Spaziergang anfangen wird, lässt er seinen edlen Ritter Lohengrin auf dem weißen Schwan die Elsa von Brabant retten.

FAMILIENUNTERNEHMEN DER HABSBURGER

Auf dieser Karte finden Sie auch das Wappen von Philipp II., König von Spanien und Sohn Karls V., und links davon das Wappen der damaligen Regentin unserer Regionen, Margarete von Parma. Diese Margarete [uneheliche Tochter Karls V.], in zweiter Ehe mit Ottavio Farnese – dem Enkel des Papstes Paulus III. – verheiratet, wird als Regentin von Juan von Österreich [ebenfalls Bastard Karls V.] abgelöst.

Ganz rechts finden Sie das Wappen der Stadt Antwerpen [Antverpia], worüber Sie im Laufe der Spaziergänge mehr erfahren werden.

Brabanter Löwe, Habsburger Doppeladler und Markgrafschaft Antwerpen

Wappen von Margarete von Parma, Philipp II. und Antwerpen

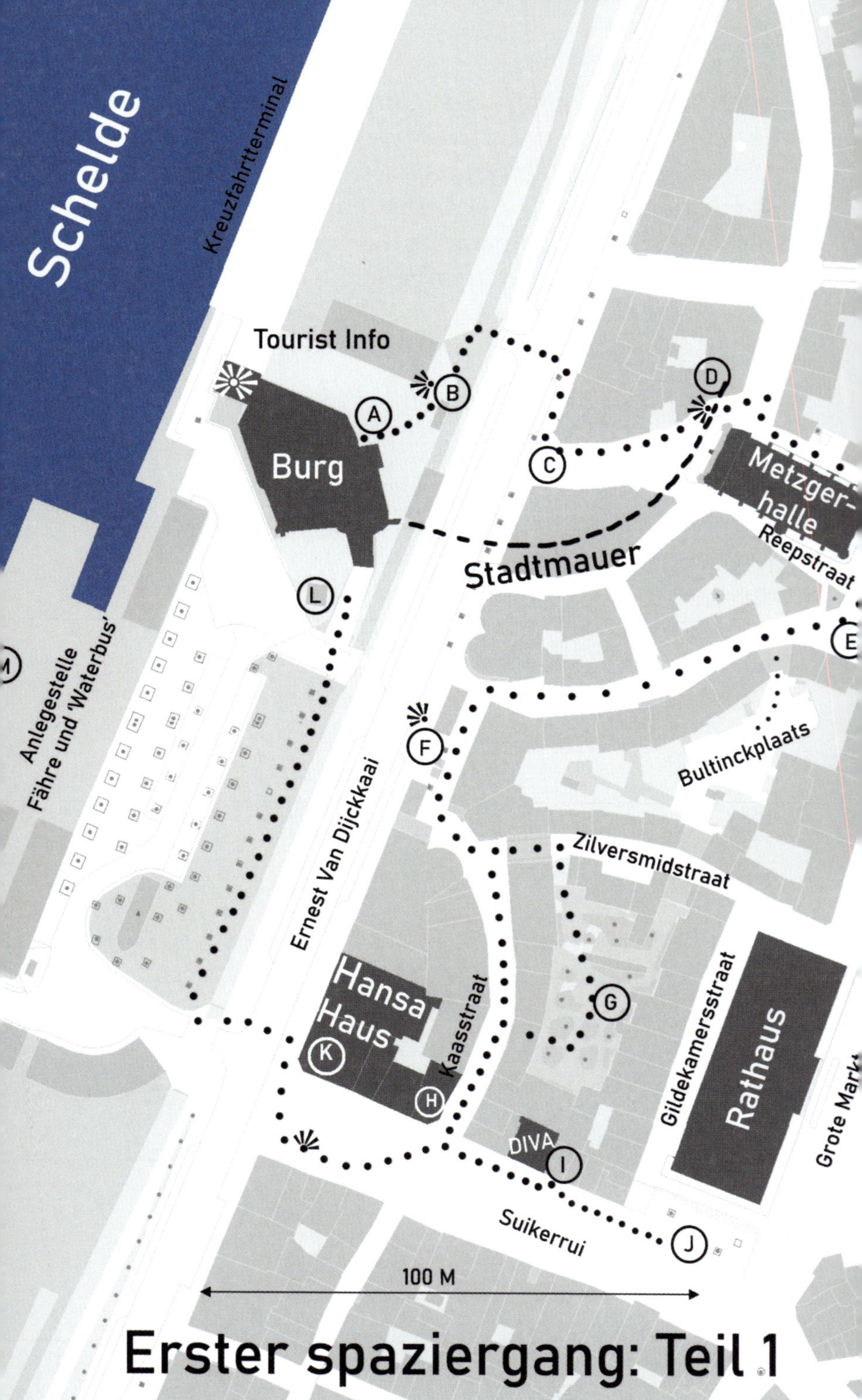

Erster spaziergang: Teil 1

SPAZIERGANG I:

WO IST DIE ALTSTADT GEBLIEBEN?

Burg – Fleischhalle – Diamantenmuseum – ›Seigneurs‹ – Fußgängertunnel – Skyline

Dieser erste kurze Spaziergang beginnt und endet an der Schelde und führt mich auf die Suche nach dem ältesten Teil von Antwerpen. Wer nachher noch Energie hat, kann einen Abstecher zum Fußgängertunnel machen oder die Fähre nehmen ans andere Ufer, um die Skyline von Antwerpen zu fotografieren.

Die Burg »Het Steen«, Torhaus

DIE SCHELDE

A

Meine erste Tour startet am **Panorama-Aussichtspunkt** oben auf dem ehemaligen Torhaus der Burg.[1]

Die Geschichte meiner Stadt beginnt hier, an diesem [rechten] Ufer der Schelde. Hier kamen Schelde, Stadt und Hafen zusammen. Die Schelde ist vielleicht nicht die Seele von Antwerpen, aber sie ist zumindest ihre Lebensader, die Quelle ihres Wohlstands. Dieser Fluss ist uns so wichtig, dass wir sogar ein Grundstück an seiner Quelle im Norden Frankreichs gekauft haben. Stellen Sie sich vor: »Les petits Belges« haben ein Stück Frankreich erobert! Die Schelde – l'Escaut heißt sie dort noch – fließt aus dem Norden Frankreichs durch Belgien von Südwesten nach Nordosten. Und genau hier in Antwerpen beschließt die Schelde, nach Westen zurückzubiegen, um in den Niederlanden in die Nordsee zu münden.

Dieser Kurs hat zwei wichtige Konsequenzen. Zunächst einmal liegt Antwerpen genau am östlichsten Punkt, an dem die Schelde verläuft. Anstatt Container in Küstenhäfen löschen zu müssen, kommen die allergrößten Containerschiffe 100 Kilometer landeinwärts ins Herz des nordwesteuropäischen Verbrauchermarktes.

Aber zweitens, weil die Schelde durch die Niederlande zum Meer fließt, können unsere nördlichen Nachbarn unseren Hafen im Würgegriff halten. In der Vergangenheit blockierten sie mehrmals die Schifffahrt nach Antwerpen. Dieser Boykott erklärt teilweise unsere manchmal weniger freundlichen Kommentare über die Niederländer.

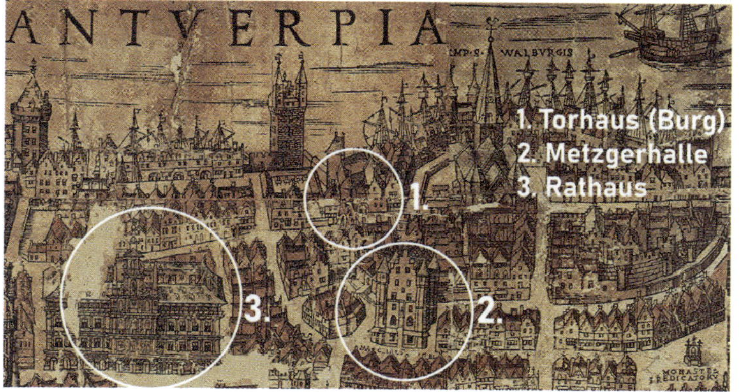

Antwerpen um 1565, Ausschnitt aus dem Stadtplan von Virgilius Bononiensis [Quelle: Museum Plantin-Moretus]

DIE STADT

»Antwerpen ist organisch gewachsen«, bemerkte einmal ein deutscher Architekt bei einem Rundgang. Dass mir diese gewichtige Aussage noch nicht selbst eingefallen war! Aber er hatte recht. Antwerpen ist Schritt für Schritt gewachsen, was sich in der halb konzentrischen Form des Stadtplans widerspiegelt. Die aufeinanderfolgenden Stadtmauern bilden Halbkreise, die sich immer weiter von der Schelde und der Burg entfernen. Wie ein Kind, das unbedacht aufwächst, wuchs die Stadt spontan nach und nach – organisch – immer weiter von der alten Burg und vom Fluss weg. Mit diesem Gedanken im Hinterkopf und mit dem Rücken zur Schelde blicke ich auf das historische Zentrum und versuche, die Türme und Dächer unserer alten Kirchen und Bürgerhäuser in unserem modernen Stadtbild auszumachen.

DIE KIRCHE, DAS KAPITAL, DIE POLIZEI UND ... DIE PROJEKTENTWICKLER

Ein ungeschriebenes Gesetz in Antwerpen besagt, dass Hochhäuser im Zentrum nicht erlaubt sind: Die Kathedrale mit ihrem 123 Meter hohen Turm duldet in der Skyline nur Konkurrenz durch den »Boerentoren« [ein ehemaliges Bankgebäude namens Bauernturm] und durch den ehemaligen »Politietoren« [Polizeiturm]. Kirche, Kapital und Polizei wach[t]en über die Stadt. Aber Projektentwickler – nicht immer meine besten Freunde – und auch unser [deutscher] Stadtarchitekt Christian Rapp halten Hochhäuser unter Umständen für notwendig.

DER HAFEN

Der Hafen liegt jetzt nördlich und außerhalb der Stadt, dort, wo ich die ersten Windräder sehe. Doch bis weit ins 19. Jahrhundert hinein spielte sich hier zu meinen Füßen entlang der Schelde und an den Kanälchen, die tief in die Stadt hineinreichten, das Hafenleben ab.

Aufgrund des wachsenden Überseehandels und der Ankunft immer größerer Dampfschiffe musste die Schelde für die Antwerpener Reede vertieft werden, und es wurden 100 Meter breite moderne Kais mit Hallen für die Lagerung von Waren gebaut. Für den Umschlag dieser Güter waren auch eine Eisenbahnlinie und eine gepflasterte Straße für Pferd und Lastwagen erforderlich. Um 1880 wurde daher ein riesiger Kahlschlag organisiert. Ein großer Teil des ältesten Antwerpens wurde weggebaggert oder einfach abgerissen. Auf der Karte unten finde ich das Torhaus der ehemaligen Burg [»Het Steen«]. Hier stehe ich. Zwischen den beiden roten Horizontallinien – die späteren 100 Meter breiten Kais mit Hallen – blieb dieses Torhaus als einziges Bauwerk erhalten. Auch die Kirche stand dem Hafen im Weg. Das Kreuzfahrtterminal hier unten wäre teilweise noch in der Burg gewesen.

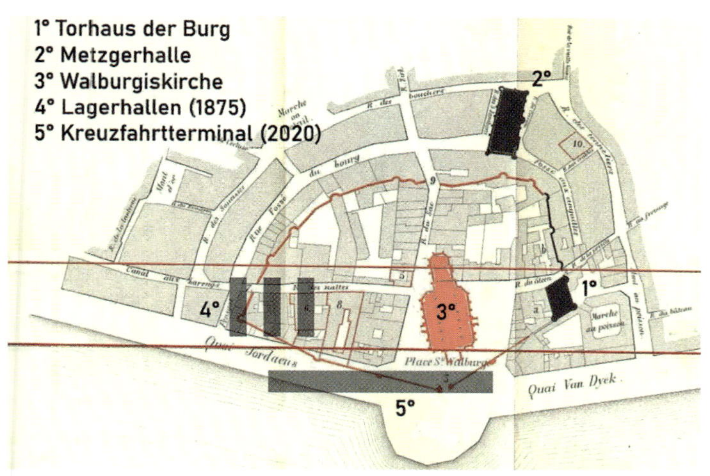

Ausschnitt und eigene Bearbeitung des Plans [um 1875] für die neuen Kais [Quelle: Felixarchief]

Ich verlasse mein Krähennest und nehme die Treppe zurück zum Tourismusbüro. Knapp draußen steige ich fast direkt vor mir die nächste Treppe hinab. Die schrecklich hässliche kleine Betonmauer soll die Stadt vor Überschwemmungen schützen. Die Kailandschaft wird sich deswegen hier in den kommenden Jahren enorm verändern, denn eigentlich ist diese Hochwasserschutzmauer einen Meter zu niedrig.

Kurz vor den nächsten Wahlen präsentiert der Stadtrat immer gerne schöne Bilder davon, wie angenehm es sein wird, hier zu spazieren. Auf den Landschaftsentwürfen der Architekten, wie diese Kais [irgendwann] aussehen werden, scheint die Sonne immer, sind die Bäume schon zwanzig Jahre alt [und verlieren nie ihre Blätter], trampeln keine Opas und Omas mit Krücken und Rollatoren herum, und die stinkenden und weinenden Babys mit Pampers sind bereits zu Jungen und Mädchen herangewachsen, die mit ihren [ebenfalls] jungen Eltern hier die beste Zeit ihres Lebens zu haben scheinen. Hier spricht ein Opa.

B

Ich wende mich jetzt der Schelde zu, um noch einmal einen **Blick auf die Burg** zu werfen. Der jüngste moderne Anbau, in dem sich jetzt das Tourismusbüro befindet, stieß auf viel Kritik. Der Vergleich mit »einem modernen Seniorenheim, das an die alte Burg geklebt wurde« verdeutlicht, wie schwierig es auch für uns Antwerpener ist, sich an neue Gebäude zu gewöhnen.

DIE NARBE

Ich überquere jetzt den Van Dijckkaai bis zum Anfang der Vleeshuisstraat [Fleischhausstraße]. Hunderte alter Häuser, die Kirche [auf der Karte oben rot markiert] und Märkte mussten dem Hafen weichen, so das Antwerpener Credo »business first«. In dieser »organisch« gewachsenen Stadt wurde parallel zur Schelde ein gerader Boulevard von dreieinhalb Kilometern Länge quer durch den mittelalterlichen Kern angelegt. Die mittelalterliche Altstadt verlor daraufhin ihre Seele: Ein Autoboulevard hat die Stadt von ihrer Lebensader – die Schelde – abgeschnitten.

Von links nach rechts:
·Helvetiahaus
·Metzgerhalle [im Hintergrund]
·Natiënhaus
·Burg [Vordergrund]

Die Konsequenz des erwähnten Kahlschlags war, dass alle Gebäude und Fassaden entlang dieser »Autobahn« – wie diese **beiden Eckgebäude** – aus der Zeit nach 1880 stammen und somit im historisierenden Stil errichtet wurden. Auf den ersten Blick fällt das nicht sehr auf, da hauptsächlich roter Backstein und weißer Naturstein verwendet wurden. Diese Materialien beziehen sich jedoch eindeutig auf das große, hohe Gebäude im Hintergrund, die Metzgerhalle. Diese stammt aus dem frühen 16. Jahrhundert und ist der Prototyp des »traditionellen Baustils« mit Backstein und Naturstein. Hier wurden die schmale mittelalterliche Gasse verbreitert und die Gebäudeecken abgeschrägt. So wurde etwa um 1900 bewusst eine breite Sichtachse von der Burg zum »Fleischhaus« geschaffen. C

DIE SCHWEIZER UND DAS MEER

Das Gebäude an der nördlichen Ecke der Vleeshuisstraat ist das Helvetiahaus, ein Bürogebäude im Auftrag des Schweizer Reeders Steinmann, Betreiber der auf Migration nach Amerika spezialisierten »White Cross Line«.
Das weiße Kreuz erkenne ich von der Schweizerfahne und – mit etwas Recherche – die Wappen der Deutschschweizer Kantone.
Sie sind so überraschend, die Schweizer:
Sie haben kein Meer, aber sie sind in der Schifffahrt tätig. Die MSC [Mediterranean Shipping Company], ein schweizerisch-italienisches Unternehmen mit Sitz in Genf, ist seit Kurzem sogar die größte Containerreederei der Welt geworden. Die MSC hat übrigens Antwerpen als Homebase für ihre Europageschäfte gewählt und ist größter Kunde unseres Hafens.

D Am Fuße des Fleischhauses ist der Verlauf der verschwundenen steinernen **Festungsmauer** aus dem 13. Jahrhundert im Straßenbelag markiert. Überreste sind auch in den Gebäuden auf beiden Seiten zu erkennen. So kann ich, mit dem Rücken zur Fleischhalle, rekonstruieren, wie die Wehranlage hier einmal gestanden haben muss. Aus dem Burggebäude ragt ein Mauerstück heraus – dort mussten Teile der Burgmauer der Eisenbahnlinie und der Straße weichen. Ich ziehe von dort in Gedanken einen Halbkreis bis hierher und dann wieder zurück zur Schelde, und ich habe das frühmittelalterliche Antwerpen vor mir.

EIN METZGERPALAST

Ich steige nun auf den »Blutberg« [bei uns wird ein Höhenunterschied von wenigen Metern schnell zu einem »Berg«] auf die andere Seite der Metzgerhalle. Dies ist das älteste Gebäude mit bürgerlicher Funktion, das mehr oder weniger vollständig erhalten geblieben ist. Dieser Metzgerpalast wurde als »Hallenkirche« erbaut, hatte aber nie eine religiöse Funktion, obwohl die wohlhabenden Metzger im Inneren eine eigene Kapelle hatten. Heute beherbergt das 500 Jahre alte Gebäude das Musikinstrumentenmuseum mit dem prosaischen Namen »Der Klang der Stadt«.[2]

Die Metzgerhalle [»Het Vleeshuis«]

DIE ANTWERPENER REEPERBAHN

Als kleiner Junge in der Schule wurde mir gesagt, dass dieses Viertel nichts für uns sei [der Begriff ›No-go-Zone‹ war noch nicht erfunden]. Erst später wurde mir klar, warum ich [und vermutlich auch der Lehrer] hier nicht gesichtet werden sollte. Das Rotlichtviertel mit Straßen- und Schaufensterprostitution war nicht weit von hier, in der Nähe des Viehmarktes [»Veemarkt«]. So, wie jeder Hafen ein Rotlichtviertel für einsame Segler hat, so auch Antwerpen. Beachten Sie einfach den Namen der Straße, die Sie gerade genommen haben: die Reepstraat. [›Reep‹ bedeutet Schiffstau].

DIE TOTENGLOCKE

Wegen der Kriegsschäden und der baufälligen Gebäude wurde in den 1960er-Jahren in einem »Modernismus«-Anfall das gesamte heruntergekommene, unhygienische Volksviertel »saniert«. Sanierung war die damalige euphemistische Umschreibung und Entschuldigung für den Abriss. Nach dem ersten Angriff durch den Bau der Kais Ende des 19. Jahrhunderts wurde der Altstadt ein zweites Mal die Seele herausgerissen. Erst wurden Hunderte alter Häuser abgerissen, dann wurde eine riesige Tiefgarage gebaut [ich stehe drauf], und darüber entstand in den 1970er-Jahren dieser **soziale Wohnungsbau** mit mehreren Hundert Mietwohnungen. Später wurde er mit einem Architekturpreis ausgezeichnet, weil er [so heißt es meistens im urbanistischen Jargon] »die Balance zwischen modernem sozialen Wohnungsbau und Respekt vor der Vergangenheit gefunden habe«. Die Häuser sind ein modernes Echo der

E

alten Treppengiebel. Das Straßenmuster wurde beibehalten, obwohl die Straßen verbreitert wurden, um das Fleischhaus deutlich sichtbar zu machen.

Doch die Architektur ist eher monoton, und das Viertel ist von reiner Wohnfunktion geprägt: keine Läden, Schulen, Büros etc. Das einzige Café, das ich hier kannte, musste schon lange schließen. Die Ureinwohner, die Seele dieses Volksviertels, sind vor einem halben Jahrhundert weggezogen. Bis auf einige Touristengruppen ist es hier – nur 200 Meter vom Rathaus entfernt – sehr ruhig.

TULPENMANIE UND »GENTLE WALKER«

Jedes Jahr im April wird Antwerpen von Flusskreuzfahrern überschwemmt, die einen Besuch der Tulpen im Keukenhof in den Niederlanden mit einem Stadtrundgang in Antwerpen verbinden. Diese Kreuzfahrtpassagiere wissen wahrscheinlich nicht, dass die Flamen – und nicht die Holländer – als Erste die Tulpen aus dem Ottomanischen Reich hierher gebracht haben [und dass man diese Blumen auch im Supermarkt sehen und kaufen kann].
In Antwerpen können diese Touristen die Stadt direkt vom Schiff aus besuchen. Man kann die amerikanischen Gruppen so erkennen: Skistöcke und XXL-Sportschuhe, als würden sie den Marathon ihres Lebens laufen. Guides, die für amerikanische Kreuzfahrtschiffe arbeiten, wissen, dass immer eine Gruppe »gentle walker« eingeplant wird. Das ist ein Euphemismus der Kreuzfahrtmarketingleute für »Langsamläufer«, die schon außer Atem sind, nachdem sie den Blutberg erklommen haben.

Nach einem kurzen Halt im Bullinckhof kehre ich über die Kuipersstraat [Böttcherstraße] in Richtung Schelde zurück. Ich schaue mir die Burg noch einmal durch das hier für einen berühmten Vorgänger-Stadtführer platzierte **»Fenster«** an. F

Blick auf die Burg durch das »Fenster«

Über die Zilversmidstraat [Silberschmiedestraße] komme ich auf einen kürzlich neu angelegten Platz, der von **Zunfthäusern** mit den typischen Treppengiebeln umgeben ist. G

Der Platz ist wie eine Diamantenmine im Tagebau angelegt. Bereits im 15. Jahrhundert waren in den angrenzenden Straßen Diamantschleifer, Goldschmiede und Edelsteinhändler tätig. Heute gilt Antwerpen als Welthauptstadt des Diamantenhandels. Das Diamantenmuseum mit der Silbersammlung wurde aus dem heutigen Diamantenviertel – in der Nähe des Bahnhofs – in die touristischere Altstadt verlegt. Das Museum nennt sich DIVA: Der Eingang befindet sich auf der Suikerrui.[3] Beim fünften Spaziergang erfahren Sie mehr über Diamanten.

Nur in der Kaasstraat [die Käsestraße] – eine der ältesten Straßen unserer Stadt – finde ich noch etwas vom mittelalterlichen Antwerpen: Die Zunfthäuser auf der Ostseite wurden in den 1980er-Jahren restauriert und mit einer gewissen Interpretationsfreiheit sogar umgebaut. Die heutigen zu Recht »konservativen« Denkmalschützer würden jetzt »Blutiger Mord!« schreien.

JEF UND DIE FRAUEN

Am Ende der Käsestraße schaue ich auf:
Am Bug des Schiffes, das Antwerpen anläuft,
steht eine Frau, bereit, das Festmacherseil an
H *Land zu werfen. Sie symbolisiert die* ***Schifffahrt****.*
Laut Stadtführer soll Frau Schifffahrt die Gesichtszüge der Maitresse des Bildhauers aus
dem 19. Jahrhundert, Jef Lambeaux, haben.
Wir erzählen gerne, dass Jef gegenüber der
Statue wohnte und seine Muse oder Maitresse
daher jeden Morgen beim Öffnen des Vorhangs
begrüßen konnte.

ANGST VOR RATTEN?

I Zuerst noch ein Abstecher zum »Ruihaus« [direkt am DIVA vorbei]. Die Straße hier heißt **Suikerrui** [Zuckerkanal]. Hier war einst ein Festungsgraben, der mit der Schelde verbunden war und bis ins 17. Jahrhundert als Kanal diente. Es gab mehrere solcher kleinen Kanäle, die als Binnenhäfen in der Stadt dienten. Während des Baus der breiten Scheldekais im 19. Jahrhundert wurden diese anderen Kanäle abgesperrt. Aus hygienischen Gründen wurden diese offenen Gewässer später überwölbt. Sie können sie noch immer mit einem

Guide besuchen. Mit Riesenstiefeln geht man dann unterirdisch spazieren. Ein Tipp: Stecken Sie bei starkem Regen eine Wäscheklammer auf die Nase.

Die Käsestraße

Sie sind nun nur noch wenige Schritte vom Grote Markt und dem Rathaus entfernt [mehr dazu in den folgenden Spaziergängen]. Da die unzähligen Terrassen und Cafés zu einer Pause von diesem Spaziergang einladen, ist es vielleicht sinnvoll, ein paar Worte zur **Hafenarbeiterstatue** neben dem Rathaus zu sagen. J

ARBEID VRIJHEID

Der Hafenarbeiter

Die Aufschrift »Arbeit Freiheit«, die Sie unter dieser Statue lesen, bedarf einer Erklärung. Antwerpen wurde am 4. September 1944 von britischen Panzern befreit. Die Soldaten interessierten sich sehr für unsere jungen Damen [und umgekehrt], aber ihr Hauptziel war es, die Kontrolle über den Hafen zu übernehmen. Dieser Hafen war von entscheidender Bedeutung, um schnell nach Deutschland durchdringen zu können. Wieder einmal wurde deutlich, wie strategisch wichtig die Lage von Antwerpen an der Schelde ist. Den Briten gelang es zusammen mit dem Widerstand, den Hafen ohne allzu großen Schaden zu erobern. Nazi-Deutschland erkannte natürlich die Gefahr und begann kurz darauf, V1-Bomben auf unsere Stadt und unseren Hafen abzufeuern. Diese Statue eines Hafenarbeiters wurde der Stadt nach dem Krieg von den Amerikanern als Hommage an die Hafenarbeiter gespendet, die – trotz des Regnens von V-Bomben – deren Kriegsmaterial an Land brachten. Durch ihre **Arbeit** erlangten wir unsere **Freiheit**. Es ist kein Zufall, dass am 1. Mai der Umzug der Sozialisten hier mal stoppt.

Die Suikerrui

Bevor Sie zurück Richtung Schelde kehren, werfen Sie einen Blick auf die schmale Straße – die Gildekamersstraat hinter dem Rathaus. Beachten Sie, dass sich die Gildehäuser bereits auf dem Grote Markt befanden, bevor dieses neue Rathaus buchstäblich vor ihrer Nase gebaut wurde. Da die Stadtkasse leer war, wurde beschlossen, auf dem Marktplatz ein Grundstück, das sich bereits im Besitz der Stadt befand, zu bebauen. Es hat sich kaum was geändert. Sie kaufen eine »Wohnung mit schönem Blick auf den Marktplatz« [so wurde es im Prospekt beschrieben] und wohnen ein paar Jahre später im Schatten eines neuen Wohnturms, der direkt vor Ihren Fenstern errichtet wurde.

HANSAHAUS

Beim pompösen **»Hansahaus«** halte ich noch kurz. K
Der deutsche Bankier und Händler Wilhelm von Mallinckrodt ließ um 1900 dieses riesige Bürogebäude mit Lagerhäusern errichten und nannte es das »Hansahaus«. An der Fassade zur Suikerrui stechen die

vier riesigen Bronzestatuen hervor: zwei Damen unten und zwei Herren ganz oben. Das war die übliche Hierarchie in Zeiten der Geschlechterungleichheit. Sie sind allegorische Darstellungen von Elbe und Weser [die stehenden Damen unten] und Rhein und Schelde [die faul liegenden Herren oben]. Eine bessere Darstellung der wirtschaftlichen Beziehungen zwischen Antwerpen und Deutschland ist kaum vorstellbar.

Das »Hansahaus«

Der Auftraggeber wünschte sich vermutlich ein zeitgenössisches Gegenstück zum alten Hansehaus, das einige Jahre zuvor abgebrannt war und seit Mitte des 16. Jahrhunderts am [alten] Hafen stand. Es war ein riesiges Lagerhaus und eine Unterkunft für die Kaufleute aus dem Osten. Deshalb wurde es auch »Oostershuis« [Ostenhaus] genannt [siehe auch Spaziergang sechs].

»LANGE WAPPER«

L

Am Fuße der Burg begrüße ich den **»Langen Wapper«**. Jedes Mal, wenn ich mit einer Gruppe hier vorbeikomme, bleiben die Besucher mit fragendem Blick an dieser Statue stehen. Normalerweise versuche ich, der

Erklärung zu entkommen, aber irgendjemand will immer wissen, was das bedeutet. Es war einmal ... So fangen die meisten Märchen an. Nun, hier geht es um die Legende vom »Langen Wapper« aus einem Antwerpener Comic. Sehen Sie diese beiden Typen zwischen den Beinen dieses Riesen? Sie verstecken hinter ihrem Rücken eine Flasche Schnaps. Sie sind offenbar beeindruckt von seinem drohenden Blick. Dieser Quälgeist wurde öfters eingesetzt, um Männer, die betrunken nach Hause kamen und sich gegenüber ihrer Frau und ihren Kindern schlecht benommen hatten, zu Tode zu erschrecken. Ich denke, die Damen haben diese Figur erfunden, um ihren Ehemann an einer Kette zu halten. Es war wahrscheinlich effektiv, weil die Antwerpener eher leichtgläubig sind.

»Lange Wapper«

DIE ANTWERPENER SEELE: VON ›SINJOREN‹ UND DICKEN HÄLSEN

Wir Antwerpener sind – zu Recht – sehr stolz auf unsere Welt[!]stadt und ihre besondere Geschichte, so stolz darauf, dass wir uns als wahre ›Seigneurs‹ über den Rest erhaben fühlen. Unser selbst gewählter, vom spanischen ›Señor‹ abgeleiteter Spitzname lautet daher ›die Sinjoren‹.

Wir ›Sinjoren‹ betrachten den Rest von Flandern als den Parkplatz rund um unsere Stadt. Kein Wunder, dass die anderen Flamen – also die vom Parkplatz – uns als »Dikke Nekken« [dicke Hälse] betrachten, was man mit chauvinistisch, arrogant und prahlerisch übersetzen kann. Dennoch bin ich selbst kein echter ›Sinjoor‹, denn laut Definition hätte ich innerhalb der alten Stadtmauern von Antwerpener Eltern geboren werden müssen, was ich aber leider nur hälftig bin. Allerdings werden wir den Parkplatz nicht erobern, weil die echten ›Sinjoren‹ aussterben. Innerhalb der alten Stadtmauern gibt es keine Geburtsklinik mehr, und zudem ist der gebürtige Antwerpener durch seine eigene begrenzte Produktion von Nachkommen und als Folge der Einwanderung zur Minderheit in seiner Stadt geworden.

Möchten Sie von hier aus eine kurze kostenlose Bootsfahrt ans andere Ufer unternehmen, anstatt den Fußgängertunnel zu suchen? Auf dem Ponton können Sie dazu die [kostenlose] **Fähre** nehmen, denn auch wenn Sie dann aus unserer Sicht im Ausland sind, haben Sie dort natürlich vor allem am späten Nachmittag die schönste Aussicht auf die Skyline von Antwerpen. Sie müssen aber aufpassen, dass Sie nicht in den [kostenpflichtigen] Wasserbus [Katamaran] steigen, da dieser die Schelde hinauf und hinunter zum und vom Hafen fährt. Eine preiswerte Hafenrundfahrt, vor allem, wenn Sie den Hafen auch mit dem Fahrrad entdecken möchten.

M

Die Skyline von Antwerpen

Erster spaziergang: Teil 2

DER FUSSGÄNGERTUNNEL UND WARUM WIR NICHT ›BELLEN‹

Ich gehe jetzt leise wie ein »gentle walker« südlich der Kais entlang zum Restaurant **»RAS«**.[4] Das Gebäude mit seinen Bullaugen und seinem Kamin bezieht sich eindeutig auf ein Kreuzfahrtschiff. Die Terrasse und das Restaurant bieten in der Abenddämmerung eine wunderschöne Aussicht über unsere Schelde.

N

Aber zurück zu diesem **Fußgängertunnel**. Viele Besucher, die darüber gelesen haben, finden den Eingang nicht. Nun, dieser befindet sich im gelben Gebäude auf dem Platz gegenüber den Kais. Deshalb muss ich jetzt erneut die große Straße [Plantinkaai] überqueren und dabei mein Leben riskieren, weil ich den roten Radweg kreuzen muss.

RADFAHRER ›BELLEN‹ NICHT

Liebe Besucherinnen und Besucher, darf ich Ihnen einen Rat geben? Hier einen Unfall mit einem Radfahrer zu verursachen, ist schlimmer, als die Schwiegermutter zu töten. Passen Sie also auf, wenn Sie den Radweg überqueren, denn Radfahrer [wie ich] sind hier heilig und haben immer Vorrang [so denken sie]. Außerdem benutzen wir selten unsere Fahrradklingel [die wir oft gar nicht haben].
Um Missverständnisse zu vermeiden:
Wenn Sie ›hier bellen‹ an einer Haustür sehen, bedeutet das ›hier klingeln‹. Also ›bellen‹ wir Radfahrer nicht.

Ich stehe vor dem gelben Art-déco-Gebäude aus den 1930er-Jahren. Das Gebäude mit seinem authentischen Aufzug und den hölzernen Rolltreppen ist ein geschütztes Denkmal. In der Mitte des Gebäudes auf der Stadtseite steige ich mit dem Fahrstuhl mehr als 30 Meter ab und kann so zu Fuß oder mit dem Fahrrad ans andere Ufer der Schelde gelangen. Für einen Antwerpener ist das andere [linke] Ufer jedoch das Ausland, denn nach diesem ersten Rundgang durch Antwerpen sollte klar sein, dass das [historische] Antwerpen hier am rechten Ufer der Schelde liegt. Deshalb nennen wir die Anwohner auf der anderen Scheldeseite »die von jenseits des Wassers« und tun so, als würden wir ihren Dialekt nicht verstehen. Sie gehören für uns ›Sinjoren‹ letztendlich zum Parkplatz.

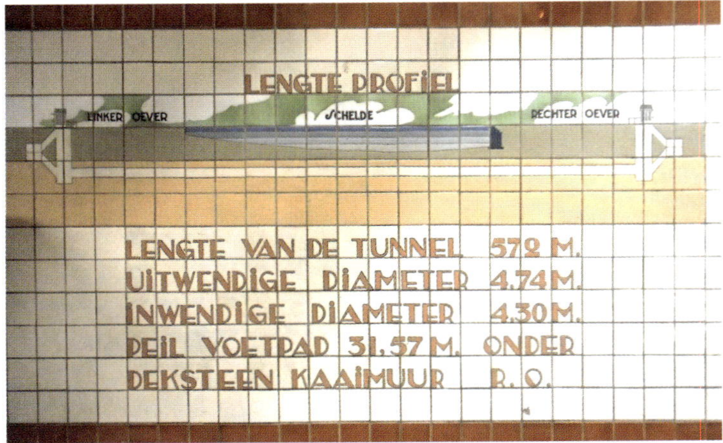

Im Fußgängertunnel

An den Dimensionen der Aufzugstüren sieht man übrigens, dass ein Krankenwagen durch den Tunnel fahren könnte. Denn als der Tunnel in Betrieb genommen wurde, gab es im »Ausland« noch kein Krankenhaus oder Pflegedienst.

Jetzt nehme ich die hölzernen Rolltreppen wieder hoch und bewundere die Radfahrer, die ihre [Elektro-] Fahrräder auf den Rolltreppen schleppen müssen, wenn der alte Fahrstuhl kaputtgeht.

DAS ›BOLLEKE‹

Auf dem Platz vor dem Tunnelgebäude angekommen,
gönne ich mir ein ›Bolleke‹ auf der Terrasse des Cafés
»De Kleine Tunnel«. Nirgendwo besser als dort an 1
einem sonnigen Nachmittag. Am Akzent der Stammgäste kann ich deutlich erkennen, dass sie nicht von jenseits des Wassers kommen.

Terrasse auf dem Tunnelplatz

Liebe Leserinnen und Leser, Sie waren nicht in Antwerpen, wenn Sie noch nie ein ›Bolleke‹ getrunken haben. Das ›Bolleke‹ ist das typischste Antwerpener Bier: bernsteinfarbig, nicht zu schwer und für den Gästeführer [und seine Gäste] sehr erfrischend nach einem

Stadtrundgang im Sommer. Frisch vom Fass schmeckt es dann am besten. Das Glas hat die Kugelform dessen, was die Franzosen ›un bol‹ nennen, nämlich die ›Kumme‹ oder Schüssel, aus der sie ihren ›Café au Lait‹ trinken. Viele französische Wörter wurden in unsere Umgangssprache übernommen. Es würde mich also nicht wundern, wenn ›Bolleke‹ die bastardisierte Verkleinerungsform von ›un bol‹ wäre. Auf dem Glas sehen Sie den Namen unseres weltberühmten Bieres, aber auch das Antwerpener Symbol schlechthin: die Hand. Werfen Sie einfach einen Blick auf die Innenseite des Covers: Auf dem Wappen meiner Stadt schweben zwei Hände über der Burg, wo dieser erste Spaziergang begann. Wie die Händchen Symbol unserer Stadt wurden, erfahren Sie beim nächsten Spaziergang.

Zum Wohle!

CAFÉ »BEVEREN«

Dieses Café ist sicherlich kein Geheimtipp, denn am 2
Wochenende trifft man hier auf viele Holländer, die in Antwerpen auf Kneipentour gehen wollen. Wie lange wird diese Antwerpener Kneipe mit ihrer fantastischen Orgel überleben? Werfen Sie eine Münze ein, und die Orgel erwacht zum Leben. Wenn einfache Stammgäste hier das Weltgeschehen kommentieren, wandert hier immer noch ein Stück Antwerpener Seele herum. Die Kneipe ist nur Freitag bis Sonntag geöffnet. Tagsüber meist noch ruhig.

Café »Beveren«

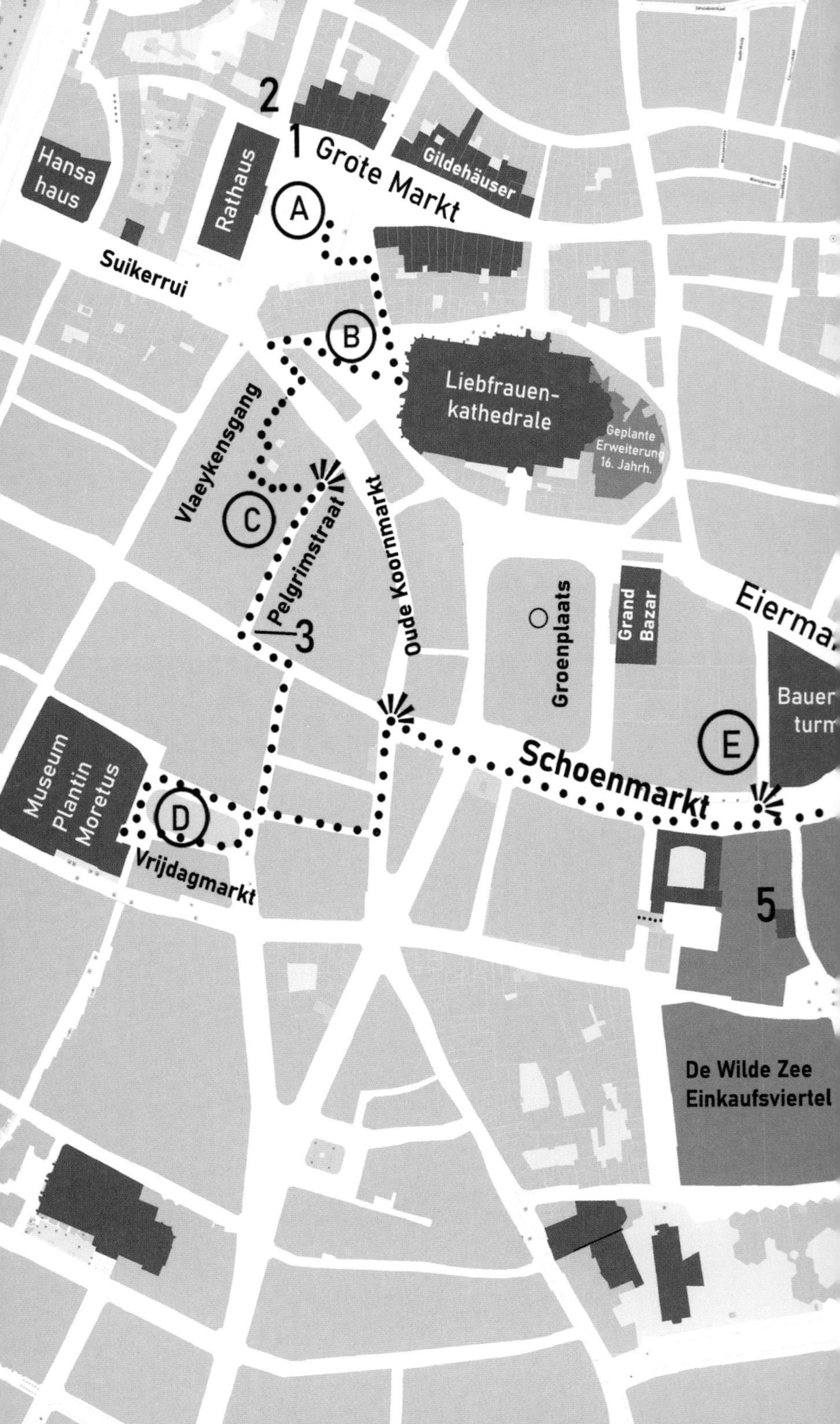
Hansa haus
Rathaus
2
1
Grote Markt
Gildehäuser
A
Suikerrui
B
Liebfrauen-kathedrale
Geplante Erweiterung 16. Jahrh.
Vlaeykensgang
C
Pelgrimstraat
3
Oude Koornmarkt
Groenplaats
Grand Bazar
Eierma
Bauer turm
E
Schoenmarkt
Museum Plantin Moretus
D
Vrijdagmarkt
5
De Wilde Zee Einkaufsviertel

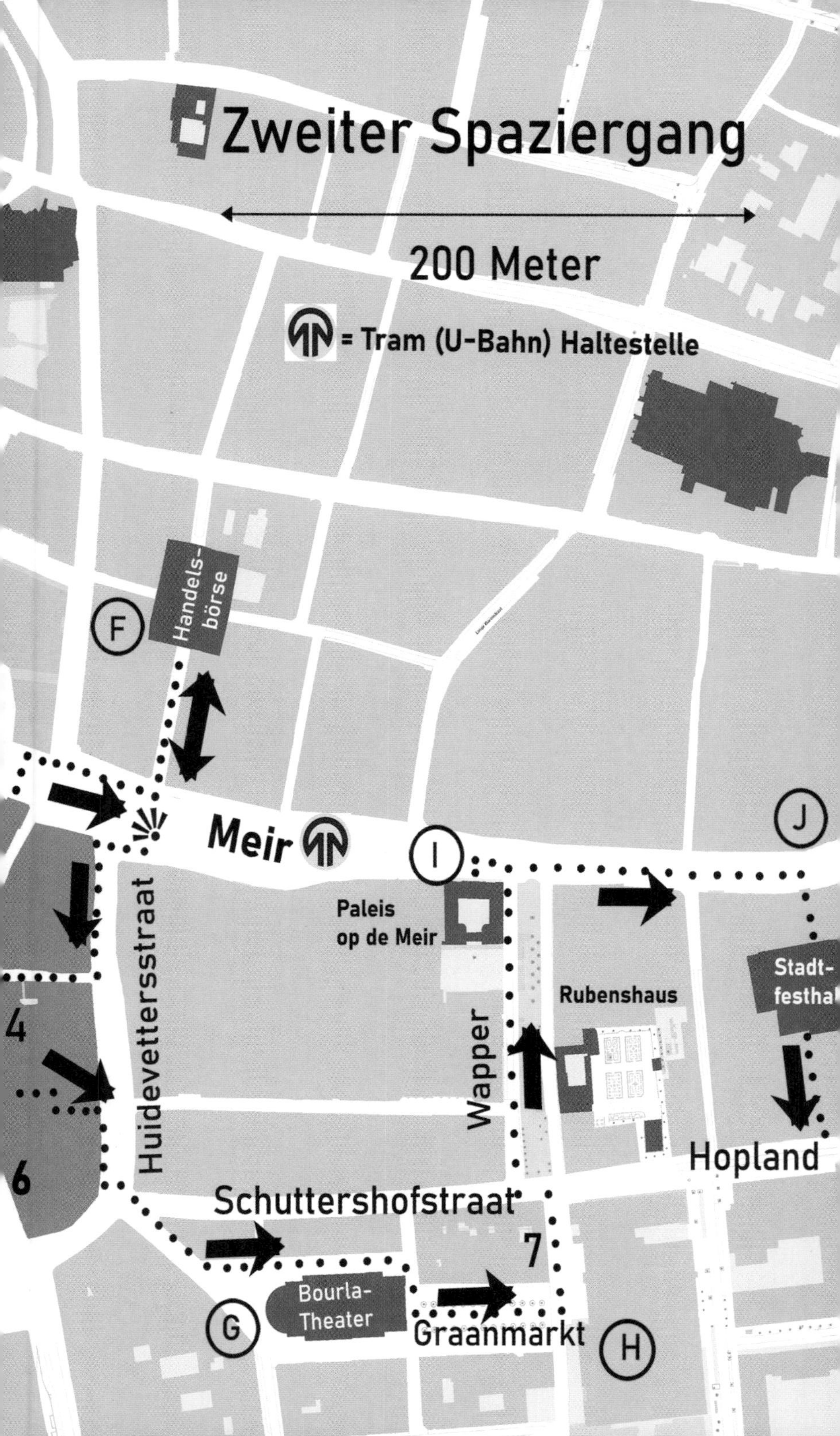

Zweiter Spaziergang
200 Meter
= Tram (U-Bahn) Haltestelle
Handels-
börse
F
Meir
I
J
Paleis
op de Meir
Stadt-
festha
Rubenshaus
Huidevettersstraat
Wapper
4
6
Hopland
Schuttershofstraat
7
Bourla-
Theater
G
Graanmarkt
H

SPAZIERGANG II:

MERKUR ODER MINERVA

*Rathaus – Zunfthäuser –
Brabo[brunnen] – Dom – Vlaeykensgang –
Museum Plantin-Moretus – Bauernturm –
Handelsbörse – Shopping – Palast auf der Meir*

Dieser Rundgang führt mich an Orten vorbei, an denen Humanisten ihre utopischen Zukunftsvisionen formulierten, sowie an Gebäuden, die Geld und Macht ausstrahlen. Die Antwerpener Seele: zwischen Handel und Weisheit, zwischen Merkur und Minerva.

Attribute vom Gott des Handels Merkur [der geflügelte Helm und der Stab mit der Doppelschlange] sowie Symbole für die Industrie [Amboss und Rad] und Schifffahrt [Anker]

Antwerpen ist vor allem eine Handelsstadt. Geld und Macht gehen hier Hand in Hand. Es ist kein Zufall, dass die Attribute von Merkur, dem römischen Gott des Handels [und des Diebstahls], überall in unseren Straßen zu finden sind.

Andererseits zieht die Stadt seit Jahrhunderten Humanisten, Künstler und Freidenker an. Es gibt in Antwerpen deutlich weniger Statuen von Minerva, der Göttin der Kunst und der Weisheit, aber ihre Eule hat sich auch hier niedergelassen.

DAS RATHAUS

Wo könnte diese Tour besser beginnen als auf dem Grote Markt mit Blick auf das imposante **Rathaus**? A An einem grauen Wintertag ohne die stimmungsvolle Abendbeleuchtung wirkt diese Bastion der Macht schroff, verschlossen und wehrhaft. Die horizontale, nüchterne Fassadenfront wird lediglich vom vertikalen dekorativen Mittelteil unterbrochen. Der Stadtrat regiert hier fast ununterbrochen seit 465 Jahren und betont mit dieser Architektur seine Autorität. Auch die allegorischen Bilder »Justitia« und »Prudentia« sollen unterstreichen, dass unser Stadtrat »gerecht« und »sparsam« ist. Unsere Stadt lässt sich nicht auf Interessenkonflikte ein und verwaltet mein Steuergeld vorbildlich. Sie fördert Handel und Schifffahrt, ohne die Antwerpen eine engstirnige Provinzstadt wäre. Magistrat und Politiker sind sich nur allzu gut bewusst, dass Handel und Hafen für ihre Stadt [und ihre Wähler] von größter Bedeutung sind.

Rathaus und Brabo auf dem Grote Markt

Glücklicherweise sind die Fassaden im Sommer festlich mit den Flaggen aller EU-Mitgliedsstaaten und aller Länder, die ein Konsulat in Antwerpen haben, geschmückt. So wie bei einer Segelschiffparade sind alle Flaggen aufgehängt. Das muntert mich auf und macht mich wieder stolz, Einwohner dieser Stadt zu sein. Diese Flaggenshow ist auch ein selbstbewusstes Statement: »Willkommen in Antwerpen, [fast] dem Zentrum der Welt.« Bescheidenheit ist nicht unsere stärkste Charaktereigenschaft.

BREXIT

Aufgrund des »Brexit« ist die Flagge der benachbarten »Bananeninsel« [dieser treffende Name stammt nicht von mir, sondern vom unübertroffenen Magazin »Der Spiegel«] von der Fassade des Rathauses verschwunden. Es gibt hier nicht einmal ein britisches Konsulat. Einen Moment lang dachten wir darüber nach, den freien Platz für die Flagge von Gibraltar zu reservieren, aber das gefiel den Spaniern nicht so gut.

DAS HÖCHSTE ZUNFTHAUS UND DAS WICHTIGSTE ZUNFTHAUS

Die Zunfthäuser aus dem 16. Jahrhundert zeugen von der wirtschaftlichen Macht und dem gesellschaftlichen Einfluss der Zünfte. Die korporatistischen Spielregeln wurden zwischen Magistrat und Zünften festgelegt: ein »Wir kennen uns«-Zusammenspiel zwischen Patrizierelite und Wirtschaft. Nichts Neues unter der Sonne. Kein Wunder, dass die Zunfthäuser [und einige Cafés] in unseren Städten direkt neben dem Rathaus liegen.

Auf dem höchsten Zunfthaus kämpft der Heilige Georg mit dem Drachen, denn er ist der Schutzpatron einer Schützengilde, die hier ihren Sitz hatte. Letztere vermietete das Gebäude später auch an Goldschmiede und Juweliere. Seit 1797 ist hier das Karlsruher Handelshaus Kreglinger ansässig. Die vergoldeten Statuen auf den Giebelspitzen sind eine Anspielung auf den Namen des Hauses, denn erst unter meinem Freund Bonaparte wurden statt der Hausnamen die Straßennamen und Hausnummern eingeführt.

Auch auf dem Dach des Gildehauses auf der linken
Ecke steht eine Statue. Nach ihr wird das Gebäude
»Den Engel« genannt, ebenso wie die Kneipe im Erd- 1
geschoss. Sie ist in Antwerpen weltberühmt und daher
für manche Antwerpener das wichtigste Gildehaus,
weil man dort ab dem Morgen alle einheimischen
Stammgäste trifft. Die Inneneinrichtung hat sich in
all den Jahren kaum verändert: Die Uhr steht immer
noch auf fünf vor zwölf, und das schon seit meiner Studentenzeit. Hier lebt die Antwerpener Seele, und hier
wird das ›Bolleke‹ aus dem Fass gezapft.

2 Allerdings findet man mich öfter in der Brasserie **»De 7 Schaken«**. Nach einem Stadtrundgang brauche ich oft eine Ruhepause [ohne Touristen] und genieße hier eine Tagessuppe mit einer leckeren Scheibe Brot. Die Antwerpener haben diese Brasserie zum besten ›Stoofvlees‹-Restaurant ihrer Stadt gewählt. ›Stoofvlees‹ ist Rindfleisch, geschmort mit Bier. Dazu kommen die unvermeidlichen Pommes frites.

Blick auf den Grote Markt vom Nordturm der Kathedrale

SILVIO BRABO, DER NACKTE RÖMER UND DER WAL

In der Mitte des Marktplatzes steht ein nackter Römer, der mit Caesars Heer hierherkam. Als er hörte, dass ein Riese hier die Schifffahrt behinderte, indem er von jedem Schiffer Zölle verlangte, allen Säumigen die rechte Hand abschlug und sie dann in die Schelde warf, beschloss dieser tapfere Römer – Silvio Brabo –, uns von Riesen, Zöllen und allen möglichen Steuern zu befreien. Also schlug er dem Riesen den Kopf und auch die rechte Hand ab und warf diese ebenfalls in die Schelde.

Diese Geschichte, die Sie in allen Reiseführern finden, würde den Namen [H]Antwerpen erklären. ›Werpen‹ bedeutet schließlich ›werfen‹ und ›Hand‹, ja ›Hand‹. Touristen essen diese Legende als süßen Kuchen, und wenn sie nach Hause zurückkehren, ist es so ziemlich das Einzige, woran sie sich von Antwerpen erinnern. Diese Geschichte offenbart aber auch ein weiteres Stück Seele des Antwerpeners, denn er glaubt so gut wie alles, solange es mit Überzeugung verkündet wird. Im Jahr 1510 wurden hier die Knochen des oben genannten Riesen ausgegraben! Erst bei der Untersuchung einige Jahrhunderte später stellte es sich heraus, dass es sich um die eines Wals handelte.

Wer gute Augen hat, findet die Händchen im Stadtwappen an der Fassade des Rathauses wie auch auf der Innenseite des Umschlags dieses Büchleins.

Das Wesentliche dieser Skulpturengruppe bleibt den meisten jedoch verborgen: Wenn die Schifffahrt auf der Schelde nicht durch hohe Zölle [von Riesen oder den Holländern] unmöglich gemacht wird, dann geht es der Stadt gut. Dies war bereits im goldenen 16. Jahrhundert Antwerpens der Fall. Auch wenn es Belgien gelang, den niederländischen Zoll auf der Schelde, der nach der belgischen Abspaltung von den Niederlanden erhoben wurde, für immer abzukaufen, folgte ein enormer wirtschaftlicher Aufschwung. Merkur hat eine besondere Vorliebe für Antwerpen, oder umgekehrt.

ANTVERPIA ODER UTOPIA

Ende des 15. Jahrhunderts gerät das mächtige Brügge, das große Handelszentrum Nordwesteuropas, mit Maximilian von Österreich in Konflikt [wie üblich wegen Geld oder Steuern]. Aufgrund dieses Konflikts war es Händlern verboten, sich in Brügge aufzuhalten. Antwerpen hingegen blieb dem Habsburger treu und wurde mit Handelsprivilegien belohnt. So begann das goldene 16. Jahrhundert Antwerpens dank viel kommerziellem Opportunismus. Wir Antwerpener sprechen lieber von »Pragmatismus«.

Mit dem wirtschaftlichen Aufschwung Antwerpens entstand eine kosmopolitische Schicht wohlhabender Einwanderer: Kaufleute, Handwerker und Künstler aus ganz Europa ließen sich in der Stadt nieder. Innerhalb eines dreiviertel Jahrhunderts verdreifachte sich die Bevölkerung auf 100.000 Einwohner.

Auf diese Weise konnten der Humanismus und kurz darauf das Luthertum frühzeitig in Antwerpen Fuß fassen. Offene Grenzen ermöglichen nicht nur den Import und Export von Waren, sondern auch den intellektuellen Austausch. Thomas More beispielsweise besuchte 1515 seinen Antwerpener Freund Peter Gillis. Beide pflegten Kontakte zum Humanisten Erasmus. Übrigens beginnt Mores Utopia, die seinem Antwerpener Freund Peter gewidmet ist, mit einem Gespräch zwischen More und einem portugiesischen Weltreisenden. Sie beide hatten zuvor die **Kathedrale** besucht und sind gerade dabei, das Gebäude zu verlassen.

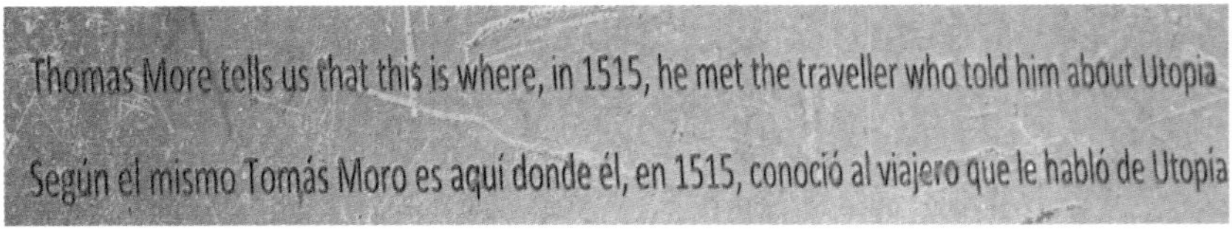

Thomas-More-Gedenktafel vor dem Dom

Die Kathedrale: Lithographie von 1813, gefunden auf einem Flohmarkt in Frankreich

Und das ist für jeden Antwerpener natürlich ein Beweis dafür, dass das von More beschriebene Utopia die Idealstadt Antwerpen ist, während jeder, der das Buch liest, – also niemand – weiß, dass Utopia keine Stadt, sondern eine imaginäre Insel ist. Zur Erinnerung an Mores Besuch wurde eine Gedenktafel in das Kopfsteinpflaster vor dem Kirchengebäude eingelassen.

Was für eine faszinierende Zeit das gewesen sein muss: Himmelsstürmer, Weltverbesserer, kritische Denker, die das »System« infrage stellen. Träumer, die einen christlichen Humanismus vertreten, der auf klassischen Idealen basiert. Zugegeben, diese Humanisten waren ein elitärer Club von Hochgebildeten, die sich ausschließlich auf Latein unterhielten. Das Volk hatte andere Sorgen als die Schützlinge von Minerva.

Die Altstadtgasse Vlaeykensgang

DER VLAEYKENSGANG UND DER LIEBFRAUENTURM

C

Rathaus und Zunfthäuser strahlen Macht aus und stehlen der Innenstadt die Show. Doch von der Behausung des einfachen Mannes ist nur noch wenig übrig geblieben. Deshalb gehe ich zum **Vlaeykensgang**. Diese Gasse befindet sich am Haus Nr.16 am Oude Koornmarkt. Zum Glück existiert dieser Überrest einer Arbeiterstraße noch. Über Jahrhunderte lebten hier Handwerker und Arbeiter mit ihren Familien. Für uns nun ein romantisches, malerisches Bild. Für die Bewohner damals: Lärm, Überbevölkerung, Krankheit und Armut.

Beim Verlassen der Gasse drehe ich mich um und schaue auf den Nordturm unserer Kathedrale. Dies ist zweifellos der schönste Turm der Welt, weil er in Antwerpen steht. Respekt vor unseren mittelalterlichen Vorfahren: Er wurde schon vor mehr als 500 Jahren fertiggestellt! Ähnliches gelang es erst Jahrhunderte später in Köln.

Mit ein wenig Sinn fürs Theater erzähle ich den Besuchern, dass mir Tränen in die Augen kommen, sobald ich »unseren« Turm nach zwei Wochen Urlaub im Ausland wiedersehe. Dann bin ich zu Hause. Herrlich! Und wenn dann das Glockenspiel mittags den Turm zum Singen bringt, klart der Himmel auf. Das ist der Klang der Stadt, das ist ein Stück ihrer Seele. Ich bin fröhlich, und mein Schritt wird leichter.

Der Nordturm der Kathedrale

NAPOLEONS GROSSE FÜSSE

Der Turm war 451,5 Antwerpener Fuß hoch [ohne das 15 Fuß höhere Kreuz], bis mein Freund Napoleon kam und der Turm plötzlich eher 123 m hoch sein sollte. Doch die Einführung dieses metrischen Systems stieß auf großen Widerstand, sodass Napoleons Körpergröße nach seinem Tod wieder in [französischen] Fuß gemessen wurde. Da der englische Fuß deutlich kleiner war als der französische, wurde von den Engländern eifrig verbreitet, dass Napoleon ein kleiner Kerl gewesen sei.

Café »De Vagant«

3

Es ist noch etwas früh, um ein ›Bolleke‹ im **»Vagant«** am Ende der Pelgrimstraat [Pilgerstraße] trinken zu gehen. Trotz der Übernahme durch einen neuen Betreiber hat diese alte Antwerpener Kneipe ihre Seele nicht verloren. Gemeinschaftstische fördern den sozialen Kontakt mehr als kleine Tische für zwei Personen, die, anstatt sich tief in die Augen zu schauen, süchtig auf ihren Handys tippen.

MINERVA FOLGT MERKUR

D

Über die Leeuwenstraat komme ich zum Vrijdagmarkt mit dem **Museum Plantin-Moretus**. Das Gesetz, dass Kunst und Wissenschaft dem Geld folgen und nicht umgekehrt, wurde hier gegen Mitte des 16. Jahrhunderts deutlich demonstriert. Die schnell wachsende Metropole zog immer mehr Händler an, aber auch Künstler und Intellektuelle. Fünf Jahre vor Mores Reise nach Antwerpen verbrachte auch Dürer fast ein Jahr in Antwerpen. Auch gute Handwerker und Unternehmer wurden von dem neuen Eldorado angezogen.

Der Innenhof des Museums Plantin-Moretus

In diesem Gebäudekomplex zum Beispiel gründete Mitte des 16. Jahrhunderts der französische Humanist Christophe Plantin eine Druckerei und einen Verlag, der sich zu einem Zentrum der Wissenschaft und des Wissens entwickelte. Hier wurden Karten und Atlanten von Mercator und Ortelius gedruckt. Hier finden Sie die Werke berühmter flämischer Botaniker wie Dodoens. Für den spanischen König wurde hier die Biblia Regia – die viersprachige Königsbibel – herausgegeben. Später wurden hier die Bibeln und Katechismen für die gesamte spanischsprachige Welt gedruckt.

Noch ›in situ‹ finden Sie hier die ältesten erhaltenen Druckpressen der Welt. Das Museum verfügt über ein außergewöhnliches Kupferstichkabinett und eine seltene Sammlung von Inkunabeln und historischen Buchdruckwerken. Deutsche Besucher beneiden uns um die seltene 36-zeilige Gutenberg-Bibel aus dem Jahr 1461.[5]

Auf dem Weg zum Groenplaats bleibe ich einen Moment an der Ecke des Oude Koornmarkts stehen. Hier habe ich noch einmal einen schönen Blick auf den Domturm.

DER »BAUERNTURM« UND DIE VERGELTUNGSWAFFEN

Besucher fragen oft, ob hier im Krieg viel zerstört wurde. Denn Kriegsschäden sind für Deutsche mit dem Bild ihrer zerstörten Städte aus dem Zweiten Weltkrieg verbunden. Doch die meisten wissen nicht, dass viele belgische Städte bereits im Ersten Weltkrieg von schwerer deutscher Artillerie beschossen wurden.

König, Regierung und Armee hatten sich 1914 in Antwerpen verschanzt. Die deutsche Armee, die bereits durch Belgien auf dem Weg nach Frankreich war, erkannte die Gefahr der belgischen Armee in ihrem Rücken. Ein Teil kehrte zurück, um sie aus Antwerpen zu vertreiben. Der Beschuss verursachte große Panik und Schäden: Beispielsweise war die Stelle, an der heute der **Bauernturm** steht, eine völlige Ruine.

E

Mit Blick auf die geplante Weltausstellung 1930 wurde beschlossen, hier ein markantes Gebäude zu errichten. Dieses Gebäude wird hier »Bauernturm« genannt, da es für eine genossenschaftliche Bauernkreditbank errichtet wurde. Es ist ein schönes Beispiel für Art déco.

Der »Bauernturm«

Der Turm hat einen Stahlrahmen, der von Demag aus Duisburg gebaut wurde. Im Zweiten Weltkrieg wurde er von einer V-1 aus dem KZ Mittelbau-Dora getroffen. Der Hafen von Antwerpen war neben London das Hauptziel für die V-1- und V-2-Waffen. Insgesamt fünf- bis sechstausend »fliegende Bomben« fielen auf unsere Stadt.

Heute gehört der Turm einem extravaganten, eigenwilligen Unternehmer, dessen Geschäftsimperium »Katoennatie« nicht nur der wichtigste Logistikspieler im Hafen von Antwerpen, sondern auch in zahlreichen Überseehäfen ist. Dieses »Enfant terrible« der Antwerpener Unternehmer gibt seine ungeschminkte Meinung ab, die vom Stadtrat und den Hafenbehörden nicht immer goutiert wird. Der Erwerb dieses Turms soll zu seinem Profil beitragen, denn er wird darin eine [gemeinsam mit seiner Frau aufgebaute] Kunstsammlung der Öffentlichkeit zugänglich machen.

Kein Geringerer als Daniel Liebeskind erhielt den Auftrag, dem Turm ein modernes Facelift zu verpassen. Hier hat Minerva in Merkur einen Verbündeten gefunden und beweist damit einmal mehr, dass die Kunst dem Geld folgt.

BEIM FRISEUR

Mal sehen, ob bei meinem Friseur noch Platz ist. Ich habe meinen früheren kurdischen Friseur nach Corona gegen diesen Salon eingetauscht. Das Erdgeschoss ist nur zwei Meter breit, sodass man, wenn man den Salon nicht kennt, daran vorbeigeht. Hier müssen Sie weder einen Termin buchen noch erst eine Autowäsche durchlaufen, bevor Sie sich die Haare schneiden lassen können. Schnell und günstig. Hier analysieren Friseure gemeinsam mit ihren einheimischen Kunden sachkundig das vergangene Fußballwochenende und beschweren sich über die [von ihnen selbst gewählten] Antwerpener Politiker. Die Antwerpener Seele wandert auch hier umher.

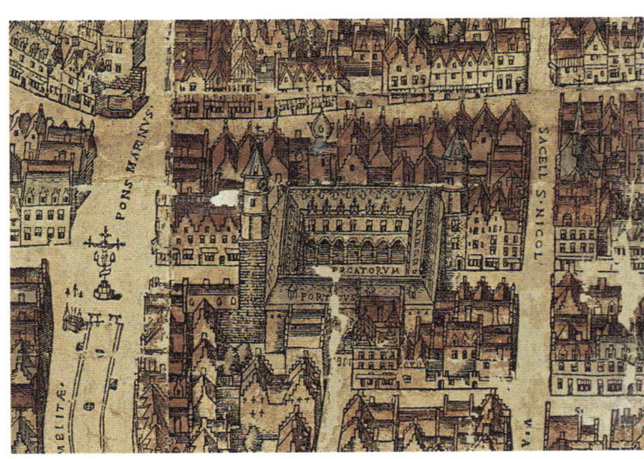

Die Handelsbörse, Ausschnitt aus dem Stadtplan von Virgilius Bononiensis [Quelle: Museum Plantin-Moretus]

DIE HANDELSBÖRSE UND DER ERSTE KUSS

F

Ein ›Must-see‹ ist zweifelsohne die **Handelsbörse** in einer Seitenstraße der »Meir«, zumindest wenn das Gebäude offiziell für Besucherinnen und Besucher geöffnet ist.[6] Verzeihen Sie, dass ich als Ökonom so ausführlich auf Handel und Industrie eingehe, aber Hafen und Handel sind untrennbar mit der Antwerpener Seele verbunden. Darüber hinaus ist dieses Gebäude für mich ein ›Lieu de mémoire‹. Während eines studentischen Cantus habe ich hier meine Liebe der Frau erklärt, die Jahrzehnte später noch immer meine große Liebe ist.

Die restaurierte Handelsbörse

Aufgrund des wirtschaftlichen Aufschwungs wurde das erste Gebäude der Antwerpener Börse bald zu klein, und 1532 wurde an dieser Stelle ein neues Gebäude errichtet. Die Börse beinhaltete sowohl den Handel mit Waren [die sich in Lagerhäusern im Hafen befanden] als auch die Gewährung von Krediten. Die Fugger, die den Wahlkampf Karls V. zur Kaiserkrönung – ein regelrechter Bestechungsskandal – finanzierten, hatten hier ein beeindruckendes Amt. Die Exportfinanzierung und Zahlungsabwicklung mit

Akkreditiven und Wechseln wurde durch das Filialnetz ermöglicht, das Banker und Makler an anderen Handelsplätzen in ganz Europa unterhielten.

Als die nordniederländischen Provinzen 1585 den Unterlauf der Schelde für die Schifffahrt sperrten, blühte Amsterdam im 17. Jahrhundert zu einem viel wichtigeren Handels- und Börsenplatz auf. Ein großer Teil des Antwerpener Kapitals »flüchtete« nach Holland und wurde in das erste durch die Ausgabe von Aktien finanzierte Unternehmen investiert: die berühmte V.O.C.. Im 19. Jahrhundert erlebte die Antwerpener Börse jedoch einen neuen Aufschwung, zunächst auf Initiative von niemand Geringerem als Napoleon und später durch die Zollfreiheit für die Schifffahrt auf der Schelde.

Nach einem Brand wurde das Börsengebäude Ende des 19. Jahrhunderts nach altem Vorbild wieder aufgebaut, jedoch unter Verwendung neuer Materialien wie zum Beispiel Glas und Eisen für die Kuppel über dem Hof.

DIE »MEIR«

Während der Belle Époque befanden sich hier [auf der »Meir«] und in den Straßen rund um die Börse viele Büros von Reedern, Banken und Versicherungen. Schicke Kaufhäuser und lebendige Restaurants machten leider der modernen Banalität von kommerziellen Schaufenstern und Fastfood Platz. Der Stadtrat – der wie Merkur Tag und Nacht für die Interessen unserer Händler einsteht – will Antwerpen als Einkaufsstadt und Touristenziel bis nach Deutschland bekannt machen und erfreut sich, wenn die Zahl der Passanten auf der »Meir« wieder zunimmt.

SHOPPEN MIT STIL

Weil die »Meir« für ausländische Shopper weniger interessant ist, schlage ich Ihnen das Viertel mit den kleineren unabhängigen Boutiquen vor. Leider wird auch dieses Viertel – »De Wilde Zee« – von den Immobilienmaklern und Kaufhausketten bedroht.

Da ich selbst zu der Gruppe gehöre, die sich so lange wie möglich von Bekleidungs- und Schuhgeschäften fernhält, bis unsere andere Hälfte uns dorthin schleppen muss, kannte ich den **»Salon de thé Claude«** in 4
der Groendalstraat bis vor Kurzem noch nicht. Diese Teestube ist eine kleine Oase, ein gut versteckter Innenhof. Es gibt noch eine andere Institution im Viertel. Wenn Damen sich vom anstrengenden Einkaufen erholen müssen, dann ist **»Désirée«** – das berühmteste 
Waffelhaus in Antwerpen – ihr Retter.

Ich mache jetzt einen Umweg, um mir beim **Bäcker Goossens** ein ›Roggeverdommeke‹ [Roggen- 
Rosinen-Brot] zu holen. Seit jeher stehen Menschen Schlange auf der Straße, weil der Laden einfach zu klein ist. Es soll einmal ein Foto davon in der »Prawda« gegeben haben, um zu beweisen, dass die Menschen auch im Westen vor den Geschäften Schlange stehen mussten. Durch die »Nieuwe Gaanderij« [die neue Galerie] gelange ich in der Huidevettersstraat, die ich in Richtung Bourla-Theater überquere.

Das Bourla-Theater

QUARTIER LATIN, QUARTIER HOLLANDAIS

G Das **Bourla-Theater** ist eine der Attraktionen dessen, was wir hier »Quartier Latin« nennen: das Theaterviertel mit zahlreichen Restaurants und Cafés. Da Schauspieler nach der Aufführung furchtbar durstig sind, waren sie früher oft auf dem Graanmarkt anzutreffen, wie übrigens Studenten auch, da sie etwa zur gleichen Zeit durstig sind. Für normale Studenten ist dieses Ausgehviertel inzwischen unbezahlbar geworden. Trendy Restaurants mit schattigen Terrassen im Sommer verführen Feinschmecker.

H Am Samstag findet auf dem Theaterplatz [Oude Vaartplaats] ein riesiger **Gemüsemarkt** statt, auf dem auch das exotische Antwerpen gut vertreten ist. Sonntags findet auf dem gleichen Platz der Vogelenmarkt [Vogelmarkt] statt. Als es auf diesem Volksmarkt noch keine Tierschutzorganisationen und fleißigen Gesundheitsinspektoren gab, kauften wir hier unseren ersten Welpen. Heutzutage wird dieser Markt am Sonntagmorgen von Horden nördlicher Nachbarn überrannt. Die meisten Einheimischen schlafen dann noch.

Eines der typischsten Volkscafés in Antwerpen ist **»Oud Arsenaal«**. Wie lange wird dieses Café überleben, wenn trendy Bars mehr Miete zahlen können? 7

Merkur und Minerva während der Restaurierung

DIE VISITENKARTE VON MEISTER RUBENS

Leider werde ich Sie nicht ins Rubenshaus mitnehmen können, da sein Stadtpalast mit Atelier und Triumphbogen wegen Renovierungsarbeiten bis mindestens 2030 geschlossen ist.[7] Der neu gestaltete Garten kann besichtigt werden und das Besucherzentrum bietet anhand von Bildschirmen zahlreiche Informationen. Allerdings ist es teuer und wurde bereits als Touristenfalle beschrieben. Wer die Meisterwerke von Rubens wirklich sehen möchte, besucht die Kathedrale (zum gleichen Eintrittspreis).

Kein Geringerer als Rubens brachte die beiden Götter Merkur und Minerva lebensgroß auf dem Triumphbogen zusammen, den er in seinem Stadtpalast als eine Visitenkarte errichten ließ. Einerseits muss Minerva den Ruf des Meisters als weiser Intellektueller unterstreichen. Andererseits können wir davon ausgehen, dass Merkur hier als Hinweis auf Rubens' Erfolg und Reichtum diente. Dank seines Stabes hatte Merkur einen geschützten Status als Götterbote. Dieser ›Caduseus‹, passt auch hier, weil Rubens schließlich an verschiedenen diplomatischen Missionen beteiligt war. Renommierte Künstler besuchten die europäischen Königshöfe und waren daher ausgezeichnete Boten und Diplomaten [und manchmal auch Spione].

Der Palast auf der »Meir« [The Chocolate Line]

ROLLING STONES

The Chocolate Line ist ein besonderes Geschäft, das einen Besuch wert ist. Dem Besitzer gelang es einmal, Mick Jagger dazu zu bringen, eine Linie Kakaopulver mit Himbeergeschmack zu ziehen. Daher natürlich der Name seines Geschäfts **»The Chocolate Line«**, das sich in dem Palast befindet, der hier für Kaiser Napoleon erbaut wurde und später zur Antwerpener Residenz unserer königlichen Familie wurde. Ich werde mal schauen, ob es in der »Napoleon-Küche« neue Schokoladenkreationen gibt. Dieser Duft!

In der Küche von Napoleon

AUF DEN KNIEN EINES ALTEN MANNES

J

Ein Stück weiter lohnt es sich, auf der rechten Seite nach dem Eingang zum **»Stadsfeestzaal«** [Stadtfesthalle] zu suchen, wo große Partys und Galadinner stattgefunden haben. In seiner ganzen Pracht restauriert, ist es nun zu einem Indoor-Einkaufszentrum geworden. Die für das Dach verwendeten Materialien – Stahl und Glas – verweisen auf die Belle Époque. Als kleiner Junge erinnere ich mich noch gut an die Doppeltreppe. Einmal im Jahr musste ich dort anstehen, um nachher auf dem Schoß eines alten Mannes mit weißem Bart zu sitzen. Ich bekam dann von seinem [damals noch schwarzen] Assistenten ein Geschenk, denn es hieß, alle Kinder seien brav gewesen.

Ich fahre jetzt mit der Straßenbahn nach Hause. Zwischen der Altstadt [in der Nähe der Kathedrale] und dem Bahnhofsbereich gibt es einige interessante Straßenbahnlinien, die nicht oberirdisch, sondern unter der »Meir« verlaufen. Für Stadtwanderer gibt es weitere Straßenbahnlinien, die sich bei den folgenden Spaziergängen als nützlich erweisen können. Eine vereinfachte Karte mit den wichtigsten Haltestellen finden Sie am Ende dieses Reiseführers.

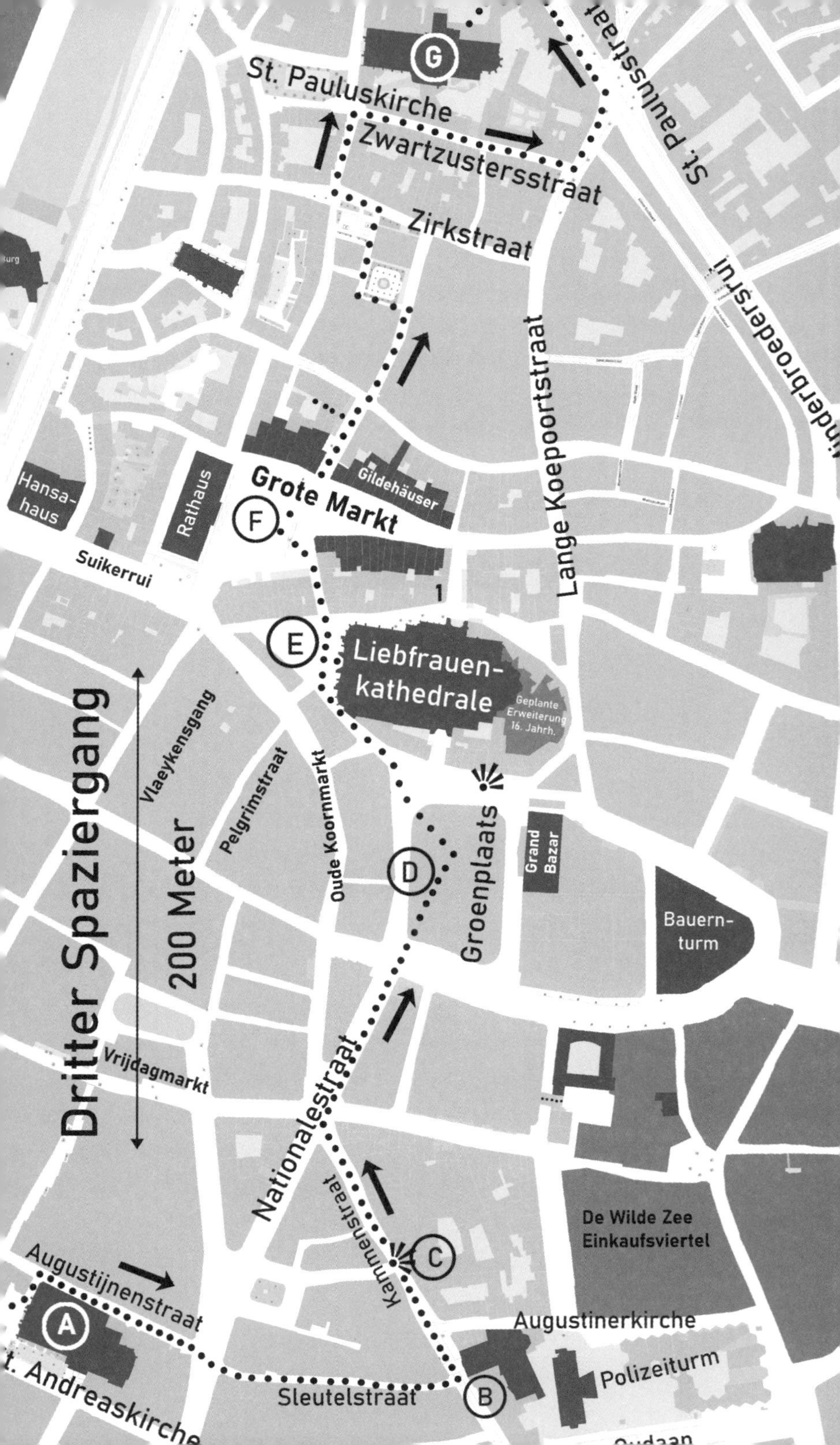

Dritter Spaziergang
200 Meter
G
St. Pauluskirche
Zwartzustersstraat
St. Paulusstraat
Zirkstraat
Lange Koepoortstraat
Grote Markt
Gildehäuser
Hansa-
haus
Rathaus
F
Suikerrui
1
E
Liebfrauen-
kathedrale
Geplante
Erweiterung
16. Jahrh.
Vlaeykensgang
Pelgrimstraat
Oude Koornmarkt
D
Groenplaats
Grand
Bazar
Bauern-
turm
Vrijdagmarkt
Nationalestraat
Kammenstraat
C
De Wilde Zee
Einkaufsviertel
Augustijnenstraat
A
Augustinerkirche
Polizeiturm
B
Sleutelstraat
t. Andreaskirche

SPAZIERGANG III:
MARTIN, KARL, JOHANNES UND PHILIPP

St. Andreaskirche – Dom –
Nello und Patrashe – St. Pauluskirche

Wenn Steine sprechen könnten. Alle historischen Antwerpener Kirchen waren Zeugen der großen religiösen und sozialen Konflikte, die im 16. Jahrhundert die Gesellschaft spalteten. Zwei Generationen von Theologen und Fürsten bekämpften sich gegenseitig. In der ersten Hälfte dieses Jahrhunderts standen Kaiser Karl V. und Martin Luther sich gegenüber. Ende desselben 16. Jahrhunderts, während der Herrschaft des spanischen Königs Philipp II., endete die Blütezeit Antwerpens durch den erbitterten Kampf gegen die Anhänger Jean Calvins.

Die wachsende Handelsmetropole zog nicht nur Händler, Handwerker, Künstler und Intellektuelle an. Es war auch ein idealer Nährboden für neue religiöse Bewegungen. Lutheraner, Täufer und Calvinisten »protestierten« gegen das Establishment, unterschätzten jedoch die gemeinsame Macht, die Kirche und Staat ausübten, als sie zur Verteidigung ihrer jeweiligen Interessen zusammenarbeiteten.

Wir besuchen drei Kirchen. Praktische Informationen finden Sie in den Endnoten.[8]

»JEDER [SOLL] NACH SEINER FASSON [SELIG WERDEN]«

Ist es ein Zufall, dass sowohl Luther als auch Erasmus Augustiner waren? Die zunächst in Antwerpen vorherrschende Religionsfreiheit war nicht so sehr eine Frage der Toleranz, sondern reiner Opportunismus. Ausländische Händler brachten Geld ein, und daher sollte der Stadtrat sich nicht einmischen in ihren privaten Glauben. Als Erasmus gegen Luther Stellung bezieht und Karl V. sich zum Verteidiger des wahren Glaubens ernennt, bricht aber die Hölle los. Die Toleranz wich der Polarisierung.

AUGUSTINUS UND ANDREAS

Dieser Spaziergang beginnt im Jahr 1513 in der Augustijnenstraat, als sich eine Gruppe sächsischer
A **Augustiner** hier niederließ und eine Kapelle baute. Die »etablierte« Kirche, insbesondere das Kapitel der Liebfrauenkirche – die später zur Kathedrale erhoben wurde –, protestierte beim Stadtrat, um ihre Interessen gegen neue Konkurrenten auf der religiösen Bühne zu verteidigen. Der Stadtrat wehrte sich jedoch nicht und bot den Augustinern sogar finanzielle Unterstützung an. Bereits zwei Jahre nach dem Thesenanschlag in Wittenberg war die gesamte Antwerpener Augustinergemeinde lutherisch. Schon ein Jahr später hatte Kaiser Karl V. eine Gruppe Löwener Theologen und einen Dominikaner zum Bluthund der Inquisition ernannt. Das erste Ziel der kaiserlichen Inquisition waren die »ketzerischen« Antwerpener Augustiner. Zwei Antwerpener Mönche landeten 1523 in Brüssel auf dem Scheiterhaufen. Sie waren die ersten protestantischen »Märtyrer« in Europa. Das Kloster wurde abgerissen, und die Kloster-

kirche wurde zur Pfarrkirche, die St. Andreaskirche. Ein kleines Denkmal in der Kirche erinnert daran.

Der derzeitige Pastor dieser Kirche nimmt einen besonderen Platz in der katholischen Landschaft Antwerpens ein. Er ist derjenige, der vielen Stadtführern die Hintergründe und die Bedeutung des kirchlichen Erbes beigebracht hat. Er trägt konsequent seinen Priesterkragen und ist schwarz gekleidet, was ihm ein »konservatives« Aussehen verleiht. Doch dieser Pastor erwischt uns ständig. Als professionellem Marketing-Mann gelingt es ihm, die Aufmerksamkeit für seine Gottesdienste wachzuhalten: ein Boxsack, an dem man seine Wut auslassen kann, ein modernes Designerkleid für eine antike Marienstatue [seine Kirche liegt in der Nähe des Modeviertels], Lasershows, eine Messe im Antwerpener Dialekt. Darüber hinaus gastfreundlich: Hier feiert die orthodoxe ukrainische Gemeinschaft den byzantinischen Ritus. Respekt vor diesem mutigen »Inspirator«, der seiner römischen Seele treu bleibt, aber gleichzeitig genauso innovativ ist wie die lutherischen Augustiner vor 500 Jahren.

Die Kanzel der St. Andreaskirche

Die Kanzel der St. Andreaskirche macht die Geschichte der beiden Fischerbrüder Andreas und Petrus, die Jesus anspricht, sehr anschaulich. Jede barocke Kanzel hat immer den gleichen Aufbau. Am Boden und rund um den Sockel, der den Korb trägt, finden Sie Naturelemente, die auf die Schöpfung [Genesis], den Anfang der Bibel, verweisen. Oben finden wir immer den Heiligen Geist [in Form der Taube unter dem Schalldeckel] sowie ein Kruzifix. Der Herr Pastor erfindet nichts, denn seine Rede wird ihm fast direkt von der Taube zugeflüstert. Der Schmerzensmann auf dem Kruzifix erinnert uns daran, dass sein Leiden nicht umsonst war, sondern dass es Hoffnung auf Auferstehung gibt. Und so kommen wir zum Ende der Bibel. Das oben beschriebene Standardkonzept wird dann um eine besondere Geschichte aus dem Neuen Testament oder einen historischen Heiligen in Anlehnung an die Pfarrei oder das Kloster, die oder das die Kanzel in Auftrag gegeben hat, erweitert. Hier also Andreas: Über dem Schalldeckel erkennen Sie das schräge Andreaskreuz, an dem er der Legende nach als Märtyrer starb.

ADRENALIN

Während unserer Ausbildung wurden wir Stadtführer von diesem Pastor, Kunsthistoriker und Lehrer mehr als drei Stunden lang in einer eiskalten Kathedrale herumgeführt. Wie ein feuerspeiender Vulkan und mit der tosenden Stimme des Berufspredigers ergoss er das heilige Feuer [des Heiligen Geistes] über unsere Köpfe. Leider erreichte das Feuer meine erfrorenen Füße nicht. Daraus habe ich gelernt, dass sich ein Gästeführer nicht zu warm anziehen sollte, denn im Feuer seiner Rede fließt das Adrenalin voll durch seine Adern, und ihm ist nicht kalt, während sein Publikum Zeichen von Unterkühlung und Schlafmangel zeigt.

Über die Sleutelstraat lande ich in der Kammenstraat. Fast ein Jahrhundert nach ihrem Verschwinden kehrten die **Augustiner** hierher zurück. Antwerpen war nun katholisch. Wieder bauen sie eine **Kirche**, dieses Mal im frühbarocken Stil, wie man an der Fassade erkennen kann. Das Kloster wurde im 20. Jahrhundert aufgegeben. Die Kirche wurde entweiht und dient heute als Konzertsaal. Damit verließen die Augustiner endgültig unsere Stadt. Die riesigen Altarbilder von Rubens, Van Dyck und Jordaens hängen heute im Museum der Schönen Künste. B

VON PROSTITUIERTEN UND NONNEN

Die bereits im 14. Jahrhundert in unserer Stadt ansässigen »Weißfrauen« [Magdalenerinnen] kümmerten sich traditionell um »gefallene« oder unerwünschte Mädchen. Die Familien vertrauten den Nonnen solche Mädchen gegen eine Kostenvergütung an. Die Nonnen wurden jedoch ständig von den Kanonikern der Hauptkirche, vom Bischof und vom Stadtrat beobachtet. Es muss dort viel geredet worden sein, denn einigen Quellen zufolge waren mehrere »Prostituierte« zu Nonnen konvertiert. Während der französischen Herrschaft wurde das Kloster aufgelöst. Der **Kalvarienberg** über dem Eingangstor ist der einzige in Antwer- C pen, der über eine Statue von Maria Magdalena, der Schutzpatronin der Prostituierten, verfügt. Auch heute noch wird hier Wohltätigkeit praktiziert. Die Freiwilligen der Genossenschaft von Sant' Egidio kümmern sich hier um die Unterpriviligierten.

Kalvarienberg der Magdalenerinnen

MITTELALTERLICHE SEGREGATION

D

Im 16. Jahrhundert war der **Groenplaats** [Grünplatz] die letzte Ruhestätte für viele Antwerpener. Reiche wurden in der Kirche bestattet, während die Armen hier unter der Erde auf das Jüngste Gericht warten mussten. Trotz dieser Segregation würde man heute von einer »Win-win-win«-Konstruktion sprechen. Wer Geld hatte, gelangte schneller aus dem Fegefeuer ins Jenseits, indem er ewige Messen und Stiftungen finanzierte. Klerus, Stadtrat und Gilden wiederum finanzierten mit diesem Geld den Bau und die Ausstattung der Kirchen, und einige von ihnen bedienten sich in der Zwischenzeit selbst. Und schließlich durfte der arme Gläubige dank der vorherigen Gruppen als Gegenleistung für sein Gebet auf einen Platz in einem Gotteshaus für Waisen, Witwen oder Arme hoffen.

Das Knöchelfeld wurde später die »Place Napoléon«, und heute überblickt Rubens die Szenerie. Wenn Sie diesen hässlichen Ort besuchen werden, könnte er durchaus zu einer kompletten Baustelle geworden sein. Denn Politiker legen regelmäßig Pläne zur Aufwertung dieser vernachlässigten Stelle Antwerpens vor. Hoffentlich leiden sie nach der Wahl nicht unter Amnesie.

Das ewige Klischee aus den Reiseführern: Rubens und Dom

DER DOM [DIE LIEBFRAUENKATHEDRALE]

E

Mehr noch als das »geschlossene« Rathaus war der **Dom** das Schaufenster der Macht schlechthin. Die vier Schützenkorps, Dutzende von Zünften und alle Arten von Bruderschaften stellten ihre Altäre zur Schau. Da es keine »sozialen« Medien gab, war die Kirche der ideale Treffpunkt, um sich auszutauschen [Euphemismus für klatschen], um zu meckern [eine Antwerpener

Spezialität] und sich selbst [herausgeputzt und mit dem teuersten Schmuck] zu zeigen [eine weitere Antwerpener Spezialität]. Damals stand die Kirche noch im Zentrum der Gesellschaft.

ARCHITEKT UND KAISER RETTEN DIE KATHEDRALE

Als wir hier um 1800 Teil der Französischen Republik waren, wollten die Revolutionäre unsere Hauptkirche abreißen. Zum Glück war der Stadtarchitekt, der die Kosten für den Abriss und den Erlös aus dem Verkauf der Materialien gegeneinander abwägen musste, eher faul. Er trödelte und fand ständig Ausreden, bis Napoleon mal in Antwerpen war und diesen Plan rückgängig machte.

Im Gegensatz zum Kölner Dom war die Antwerpener gotische Hauptkirche bereits 1521 weitgehend fertiggestellt. Das Hauptschiff wurde von nicht weniger als sechs Seitenschiffen flankiert. Diese waren notwendig, damit alle Zünfte und Bruderschaften einen Altar in der Hauptkirche errichten konnten: insgesamt etwa 57 Altäre. Gilden, Stadt und Kaiser wollten ihre Macht demonstrieren und planten eine wahnsinnige Vergrößerung der bereits damals größten Kirche der Niederlande. In dem gleichen Jahr, in dem Karl V. seinen Gegner Martin Luther in den Reichsbann stellte, 1521, kam der deutsche Kaiser selbst nach Antwerpen, um den Grundstein des ›Neuwercks‹ zu legen. Um den Chor und die Kreuzkapellen erweitern zu können, wurden bereits eine neue Außenmauer und Fundamente mit Pfeilern errichtet, die weit über Straßenniveau reichten. Diese Säulen sind auf dem Stadtplan 1565 deutlich sichtbar, so wie die Mietshäuschen, die gegen Außenmauer und Pfeiler gebaut wurden, zur Finanzierung der Kirche.

Südliches Querschiff und Chor, vom verborgenen Garten aus gesehen

Das »Neuwerk« blieb aber im Gerüst, und mit dem Brand von 1533 endete die Hochmut. Wie bei so vielen Kirchen war das Kirchenschiff noch nicht mit einem Steingewölbe versehen, sondern nur mit einer hölzernen Dachkonstruktion abgeschlossen. Der Dachstuhl fing Feuer, und das eingesammelte Geld für das »Neuwerk« musste für Reparaturen und Steingewölbe ausgegeben werden. So entstand zwischen der neuen und der alten Kontur des Chores ein Garten, den viele Antwerpener und Passanten nicht vermuten. Wer vom Groenplaats genau auf das Straßenmuster und die Häuser auf der Ostseite des Chorgangs achtet, weiß, dass da »etwas« sein muss.

Wenn ich versuche, mich in einer fremden Stadt zu orientieren [im lateinischen Sinne des Wortes nach Osten zu blicken], suche ich nach dem Turm einer gotischen Kirche, weil er immer auf der Westseite steht. Wahrscheinlich kennen Sie die Symbolik dahinter. Wir Menschen betreten das Gebäude durch das Westportal, also die Abendseite, wo die Sonne untergeht. Sobald wir drinnen sind, schauen wir auf den Altar im Osten, wo das Licht entspringt. Deshalb befindet sich auch in dieser Kirche über dem neugotischen Hauptportal ein Jüngstes Gericht, die sogenannte Warnung

»Memento mori«. Der dritte Heilige von links ist Norbertus [von Xanten], der im 12. Jahrhundert persönlich hierherkam, die bedeutendste Norbertinerabtei der Niederlande gründete und auf Wunsch des Papstes »en passant« einige Reinigungen durchführte. Der Ketzer Tanchelm wird unter seinen Füßen zermalmt, weil er die moderne Idee gehabt hatte, die Trennung zwischen Geistlichen und Laien in der Kirche aufheben zu wollen.

Das Gewölbe des Querschiffs und eine der Orgeln

ZEITBOMBE

Trotz der strengen Inquisition durch Papst und Kaiser gelang es dem Luthertum, in Antwerpen zu überleben, wenn auch heimlich und hinter geschlossenen Türen. Es wurde hauptsächlich von Intellektuellen getragen: Künstlern, niederen Geistlichen und gut ausgebildeten Handwerkern. Hatte Luther seinen Anhängern schließlich nicht geraten, sich äußerlich der bestehenden Kirche anzuschließen oder auszuwandern? Doch gegen Mitte des 16. Jahrhunderts verhärteten sich die Positionen. Jean Calvin ist viel radikaler als sein Vorgänger Luther, und der spanische König Philipp II. geht mit noch härteren Repressionen vor als sein Vater Karl V.. Antwerpen sitzt auf einer tickenden Zeitbombe.

Die radikale Lehre Jean Calvins gewann Mitte des 16. Jahrhunderts in den südlichen Niederlanden schnell an Bedeutung. Vor dem Hintergrund einer Wirtschaftskrise und der Armut in Nordfrankreich [damals noch die Grafschaft Flandern] war die härtere Position der calvinistischen Prediger in den unteren sozialen Schichten erfolgreich. Der Calvinismus sollte noch lange eine staatsgefährdende, weil verbotene Untergrundbewegung bleiben.

Doch 1566 explodiert die Bombe. Die Calvinisten entfesseln einen beispiellosen Bildersturm. Alles, was in ihren Augen eine Form von Götzendienst darstellt, muss vernichtet werden. Die Liebfrauenkathedrale wurde schwer getroffen: Heiligenstatuen, Retabeln und Altarbilder wurden zerstört. Die Kirche wurde zu einem calvinistischen Tempel.

Nach wenig Predication
Die Calvinsche Religion
Das bildens sturmen fiengen an
Das nicht ein bildt davon bleib stan
Kap, Monstrantz, kilch, auch die Altar
Und weß sonst dort vor handen war,
Zerbrochen all in kurzer stundt
Gleich gar viel leuten das ist kundt.

Der Bildersturm in 1566 in der Liebfrauenkirche zu Antwerpen, Kupferstich von Frans Hogenberg, gedruckt in Köln [Quelle: Rijksmuseum]

WIEDERTÄUFER

Den Wiedertäufern gelang in Antwerpen für einige Jahre der Durchbruch. Allerdings gingen zivile und kirchliche Autoritäten energisch gegen diese [zunächst] gewaltlosen und meist armen Menschen vor, die die Glaubenswahl in die Jahre der Vernunft vertagten. Sie wurden als Anarchisten hart verfolgt. Bevölkerungsregister gab es noch nicht. Jeder wurde bei der Geburt getauft [weil die Seele eines verstorbenen Ungetauften in der Schwebe endete und selbst den Geistlichen unklar war, was mit ihr passieren würde]. Die Taufregister waren de facto die Bevölkerungsregister, sodass die Ungetauften der staatlichen Kontrolle entgingen. Obwohl es noch keine Wehrpflicht gab, konnte eine Stadt mit einer solchen Clique von Pazifisten ihre Verteidigung nicht gewährleisten. Es ist daher nicht verwunderlich, dass sowohl Protestanten als auch Katholiken diese Wiedertäufer gnadenlos bekämpften.

ORGELKONZERT

An einem wunderschönen, ruhigen Karsamstag durfte ich eine Gruppe Passagiere von einer exklusiven Kreuzfahrt zur Kathedrale begleiten. Sie war ausschließlich unserer Gesellschaft vorbehalten: Hinten, hoch oben auf dem Lettner neben der Orgel, erlebten wir ein beeindruckendes Orgelkonzert. Ich werde dem Himmel wahrscheinlich nie näher kommen.

Die Kreuzabnahme
[P.P. Rubens]

KREUZIGUNG UND GEWALT

Ich musste einmal Hindus in diese Kirche führen. Am Rubens-Altarbild mit der Kreuzaufrichtung – im nördlichen Querschiff – bemerkte einer von ihnen, dass wir Christen in unseren Gotteshäusern hauptsächlich Bilder von Enthauptungen, Kreuzigungen, Folter und anderer Gewalt zeigen. Ich war für einen Moment sprachlos, weil ich über einen solchen kulturellen Unterschied noch nie nachgedacht hatte. Weniger sprachlos bin ich, wenn ich versuche, der Gruppe die Symbolik des anderen Rubensgemäldes zu erklären – die Kreuzabnahme.

Als jedoch die späte Nachmittagssonne langsam über das Gemälde gleitet und unterschiedliche Lichtakzente setzt, werde ich wehmütig und still. Selten kommen Kunst und Emotionen so zusammen, genau das, was der Barock erreichen wollte. Dieses Gemälde hat einen so herausragenden Platz in der Kunstgeschichte erlangt, dass noch immer Künstler mit ihm in Dialog treten. So hängt seit 2018 rechter Hand der Kreuzabnahme ein Werk des Antwerpeners Sam Dillemans, die »Hommage an Rubens: die Kreuzabnahme«.

ALBRECHT UND ISABELLA

Ich nehme im südlichen Querschiff in der Nähe der Kreuzabnahme Platz. Mit meinem Fernglas betrachte ich das große Glasfenster im gegenüberliegenden Querschiff. Es zeigt uns Erzherzog [und Kardinal] Albrecht von Österreich, der am spanischen Hof aufwuchs, mit seiner spanischen Cousine [ersten Grades] Isabella, Tochter Philipps II., die er heiraten sollte: Dazu musste Rom doch mal angerufen werden. Der Papst gab zu dieser Verbindung sein Plazet. Dieses Paar hatte die Niederlande von Philipp II. als Hochzeitsgeschenk erhalten. Kleines Problem: Die nördlichen Niederlande [ungefähr die heutigen Niederlande] hatten sich bereits von der spanischen Krone getrennt. Albrecht und Isabella herrschten also nur über die südlichen Niederlande, als die Nord-Süd-Trennung bereits vollzogen war und Antwerpen durch die Schließung der Schelde durch die Holländer wirtschaftlich zerstört wurde. Während der Herrschaft von Albrecht und Isabella erlebte Antwerpen jedoch eine zweite Blüte, worüber Sie beim nächsten Spaziergang mehr erfahren werden.

Glasfenster Querschiff Nord: Albrecht und Isabella

JAPANER UND HUNDE

Für asiatische Touristen wurde vor der Kathedrale ein Denkmal aufgestellt, das einen armen Jungen [Nello] und seinen treuen Hund [Patrashe] darstellt. In einem Roman aus dem 19. Jahrhundert kam Nello jeden Tag mit dem von seinem Hund gezogenen Wagen in die Stadt, um Milch zu verkaufen. Doch der Junge möchte lieber Maler werden und im Dom die Meisterwerke von Rubens bewundern. Man musste bezahlen, um es zu sehen, und er hatte das Geld nicht. Um es noch schlimmer zu machen, wird er obdachlos und zu Unrecht wegen Brandstiftung angeklagt. Am Heiligabend wird der an Entbehrung gestorbene Junge mit seinem Hund vor Rubens' Kreuzabnahme in der Kathedrale aufgefunden. Ende der Geschichte. Kein Happy End wie in Disneyland, eher etwas für Kamikaze-Liebhaber. Vielleicht darum machte der Roman in Japan und später im restlichen Asien Furore. Das Lustige ist, dass die asiatischen Touristen extra wegen der Kathedrale nach Antwerpen kommen, wo ihr Held vor einem Rubensgemälde starb, aber meistens im Dom vor dem falschen Rubensgemälde stehen.

Nello und Patrashe

O VANITAS

Ich stehe erneut auf dem Grote Markt vor dem Rathaus, das zusammen mit der Kathedrale Zeuge der religiösen Unruhen und des wirtschaftlichen Niedergangs Antwerpens war. Dank seiner perfekten Lage am Knotenpunkt des internationalen Handels hatte Antwerpen sich in der zweiten Hälfte des 16. Jahrhunderts zur mit Abstand größten spanischen Stadt entwickelt: Mit 100.000 Einwohnern war Antwerpen dreimal so groß wie Madrid. O Vanitas! Das riesige, prestigeträchtige **Rathaus**, das auf dem Höhepunkt von Antwerpens Wohlstand und Ruhm erbaut wurde, war erst seit einem Jahr eingeweiht worden, bevor die Calvinisten 1566 den Bildersturm in der Antwerpener Kathedrale organisierten.

F

Die Madonna [oben] und darunter die Wappen von Brabant [links], des spanischen Königs Philipp II. [in der Mitte] und der Markgrafschaft Antwerpen [rechts]

Der spanische Monarch – Sie sehen an der Fassade des Rathauses das Wappen Philipps II. zwischen dem Wappen des Herzogtums Brabant und der Markgrafschaft Antwerpen – konnte nicht länger tatenlos zusehen. Der Herzog von Alba wurde in die Niederlande geschickt und begann eine Schreckensherrschaft gegen die protestantischen Ketzer und den aufständischen Adel [der seine Privilegien bedroht sah].

EGMONT UND ROMANTIK

Die Grafen von Egmont und Horne wurden nach Brüssel gelockt und dort 1568 enthauptet, obwohl ihnen durch ihre Mitgliedschaft im Orden vom Goldenen Vlies Immunität garantiert war. Die Angstkatze Willem van Oranje hatte sich zu diesem Zeitpunkt bereits auf den Weg gemacht.
Es ist kein Zufall, dass der Heldenmut in diesem edlen Drama sowohl Goethe als auch Beethoven inspirierte. Mein Vater war ein großer Beethoven-Fan. Ich kann es bestätigen, weil ich im Zimmer über dem Wohnzimmer wohnte, wo er seine HiFi-Anlage auf Maximum setzte, um die Egmont-Ouvertüre abzuspielen. Wurde damals der Romantiker in mir geboren?

Das stolze Rathaus wird zehn Jahre nach dem Bildersturm weitgehend niederbrennen, als 1576 unbezahlte spanische Söldner beschließen, sich in der Stadt selber zu bedienen. Alva ist jetzt im Ruhestand, und der spanische König hat anderswo ›andere Katzen zu geißeln‹ [= andere Probleme zu lösen]. Antwerpen wird eine calvinistische Hochburg von 1580 bis zur endgültigen Rückeroberung der aufständischen Stadt durch die Spanier im Jahr 1585. Von nun an ist jeder verpflichtet, katholisch zu sein oder auszuwandern. Die nördlichen Niederlande befinden sich weiterhin im Krieg mit Spanien und blockieren deshalb die Schelde [und die Schifffahrt nach Antwerpen]. Die schöne Geschichte ging zu Ende. Überzeugte Protestanten, ausländische Händler, Finanziers, Unternehmer und Handwerker verließen die Stadt, und die Bevölkerung sank auf weniger als die Hälfte. Mit Ausnahme des zwölfjährigen

Waffenstillstands [dazu später mehr] dürfte der Konflikt zwischen Spanien und den Niederlanden 80 Jahre gedauert haben. 1648 wird zeitgleich mit dem Westfälischen Frieden [Ende des Dreißigjährigen Krieges] in Münster der gleichnamigen Frieden von Münster unterzeichnet. Dieser letzte Vertrag besiegelte endgültig die Abspaltung und damit die Anerkennung der Republik der Niederlande [der heutigen Niederlande] durch Spanien. So, wie das 16. Jahrhundert mit den [utopischen] Idealen von More und Erasmus begann, endete dasselbe Jahrhundert in Antwerpen mit einem wirtschaftlichen Niedergang und dem Ende der Religionsfreiheit.

Das elfte Gebot

DAS ELFTE GEBOT

Als Moses mit seinen Steintafeln mit den Geboten vom Berg herabstieg und sie sofort zerbrach, als er die Anbetung des Goldenen Kalbes sah, forderte Gott ihn auf, die Gebote noch einmal aufzuschreiben. Sein Aufsatz war fast fertig, da er bereits zehn Gebote niedergeschrieben hatte. Doch dann bekam er furchtbaren Durst, ging in ein Café und schrieb das **elfte Gebot** auf: 1
»Carpe diem«, nutze den Tag. Diese bekannte Kneipe

an der Nordseite der Kathedrale ist wegen des reich dekorierten Innenraums einen Besuch wert: Zahlreiche Heilige [Statuen] haben die Kirche für immer verlassen. Erwarten Sie hier kein kulinarisches Highlight, sondern genießen Sie ein Trappistenbier, das echte und beste von Mönchen gebraute Bier. Prost!

DER SCHÖNSTE BEICHTSTUHL

G

Bis ich die **Paulskirche** erreiche, muss ich einen langen Weg zurücklegen. Aber es lohnt sich wirklich. Diese spätgotische Kirche verfügt über eine wunderschöne barocke Innenausstattung. Suchen Sie nach dem schönsten Beichtstuhl in Antwerpen.

Wie viel Glück haben wir Katholiken? Wenn wir unsere Sünden aufrichtig bekennen, können sie vergeben werden, und wir können von vorne wieder anfangen. Das Prinzip einer »neuen Chance« ist pädagogisch sinnvoll. Schließlich sind wir auch nur Menschen. Ich war früher Messdiener, deshalb gingen wir regelmäßig zur Sonntagsmesse. Aber während der Fastenzeit – in der wir heimlich genauso viel Süßigkeiten aßen wie zuvor – beschloss meine Mutter immer, dass wir für unsere jährliche Pflichtbeichte plötzlich in eine andere Kirche gehen würden. Man weiß ja nie ...

Beichtstuhl
St. Pauluskirche

JERUSALEM ODER MEKKA

Ich habe bereits auf den Kalvarienberg der »Weißfrauen« hingewiesen, aber absolut einzigartig in seiner Art ist der Kalvarienberg der St. Pauluskirche. Jeder Christ hätte gerne das Grab Christi in Jerusalem besucht, aber das war wegen der Osmanen riskant. Deshalb beschlossen die Dominikaner, Jerusalem hierher zu bringen. In diesem Skulpturengarten konnte der einfache kleine Mann das Geheimnis des Leidens, des Todes und der Auferstehung Christi betrachten, als ob Christus und alle anderen Akteure leibhaftig vor ihm stünden. Barocker geht es nicht: Besser als das geschriebene Wort würden die theatralischen »Bilder« die christlichen Gefühle des Gläubigen wecken.

Heute gehen die meisten gläubigen Antwerpener Pilger nach Mekka. Die anderen, die nicht mehr wissen, woran sie glauben, machen sich – auf der Suche nach ihrer Seele – auf den Weg nach Compostela.

Kalvarienberg St. Pauluskirche

Vierter Spaziergang
200 Meter
Minderbroedersrui
Ambtmanstraat
Lge Koepoortstraat
Oude Beurs
Wolstraat
Grote Markt
Wijngaardstraat
Rathaus
A
B
C
K
1
2
3
4
Carolus Borromeus Kirche
Liebfrauen-kathedrale
Sint-Katelijnevest
Handels-börse
Bauern-turm
Me

Paardenmarkt
Campus Paardenmarkt
H
E
tadswaag
Universität
G
Venusstraat
D
F
Kunst-akademie
lindestraat
Prinsstraat
Lge Winkelstraat
Rodestraat
eizerstraat
Prinsesstraat
I
Beginenhof
ipdorp
Sint-Jacobsstr.
Frans Hals-plein
6
Sint-Jacobsmarkt
J
Nieuwstraat
St. Jakobskirche
1. Den Engel (Café)
2. De 7 Schaken (Café-Restaurant)
3. Het Elfde Gebod (Café)
4. Quiten Metsys (Café)
5. Het lastig portret (Café-Restauarant)
6. De Hovenier (Café)

SPAZIERGANG IV:

DAS BAROCKE ANTWERPEN

Madonna – Carolus Borromeuskirche – Museum Snijders&Rockoxhuis – Universität – Beginenhof – Jakobikirche

Trotz der Teilung der Niederlande und des wirtschaftlichen Niedergangs Antwerpens erlebte die bildende Kunst in der ersten Hälfte des 17. Jahrhunderts eine Nachblüte. Es ist kein Zufall, dass die Jesuiten und Rubens die Hauptakteure in diesem barocken Schauspiel sind. Bei diesem Rundgang erkunde ich eine berühmte Barockkirche, den Stadtpalast des Bürgermeisters und Freundes von Rubens, die Kirche, in der der Meister bestattet ist, und den Beginenhof. Die Seele von Antwerpen strahlt Barock aus!

Das Studentenviertel und das barocke Antwerpen fallen weitgehend zusammen. Während dieses vierten Spaziergangs werden die Erinnerungen an meine Studienzeit wieder lebendig.

»Lady Madonna«, die Madonna von Antwerpen im Dom

MADONNA

Auch dieser Spaziergang beginnt am Rathaus. Sie haben vielleicht bemerkt, dass oben in der Mitte der Fassade eine riesige **Madonnenstatue** auf die Stadt herabblickt. Als Patronin unserer Stadt zierte ihr Bild bereits das bisherige Rathaus. Doch als dieses neue Rathaus 1564 eingeweiht wurde, hatte sich der Stadtrat – beeinflusst durch die Reformation – dafür entschieden, eine Brabo-Statue und keine Heilige oder Madonna mehr aufzustellen. Im Jahr 1587 ersetzten die Jesuiten jedoch die Brabo-Statue erneut durch eine andere Madonnenstatue. Während der Stadtrat im 16. Jahrhundert versuchte, sich aus religiösen Fragen herauszuhalten, bekannte er sich seit dem Fall Antwerpens im Jahr 1585 als katholisch: Kirche und Staat fielen wieder zusammen.

A

Eine bei Stadtführern beliebte Geschichte besagt, dass die Madonna, die in der Nische des Rathauses platziert wurde, Blickkontakt mit ihrer Namensschwester oben an der Fassade der Carolus Borromeuskirche hat. Wenn ich dem Rathaus den Rücken zuwende und mit meinem Fernglas nach Osten schaue, um am Ende der Wijngaardstraat zwischen den Häuserreihen die oberen Giebel dieser Kirche zu finden, kann ich nicht leugnen, dass dies geometrisch korrekt ist. Andererseits scheint mir, dass die Madonna des Rathauses nicht so sehr ein Auge auf ihre Namensvetterin oben an der Kirchenfassade wirft, sondern vielmehr nach links unten auf den jungen nackten Brabo hinablugt. Sie war letztendlich auch menschlich.

In keiner flämischen Stadt sind so viele Madonnen im Stadtbild zu finden wie in Antwerpen. Die Marienverehrung war hier schon seit Jahrhunderten lebendig, erhielt aber durch die Gegenreformation einen zusätzlichen Aufschwung. Es ist, als ob die Jungfrau Maria überall wäre, um uns zu trösten und zu beschützen. Wir finden sie oft an einer Straßenecke, damit sie wie eine Überwachungskamera mehrere Straßen gleichzeitig im Auge behalten kann. Mir fällt auch auf, dass viele Besucher nach einem Rundgang durch den Dom noch eine Kerze vor der Marienstatue anzünden. Ihr Leben und Leiden ist uns viel näher als die abstrakte göttliche Dreifaltigkeit.

Der besondere Platz Mariens auf den Straßen und in der Seele der Stadt wird auch am 15. August deutlich. Katholiken feiern an diesem Tag Mariä Himmelfahrt, und die Antwerpener bringen ihren Müttern dann Blumen, im Gegensatz zum Rest Belgiens, wo der Muttertag im Mai gefeiert wird.

Henri Conscience, der Schriftsteller, der seinem Volk das Lesen beibrachte

DER LÖWE VON FLANDERN

B

Mittlerweile bin ich am Conscienceplein angekommen und setze mich an den Rand des Brunnens. Henri **Conscience** blickt über meine Schulter auf die prächtige barocke Kirchenfassade. Conscience schrieb das Buch »Der Löwe von Flandern«, das so populär wurde, dass man ihn den Mann nannte, der seinem Volk das Lesen beibrachte.

Als kleiner Junge aus einer flämischsprachigen Familie wurde ich auf ein Jesuitenkolleg geschickt, wo manche Schüler von Hause aus [und oft auch untereinander in der Schule] französisch sprachen. Lange Zeit galt Flämisch in den Augen etlicher Französischsprachiger als eine Arbeiter- und Bauernsprache. Und so hatten wir flämische Jungens in dem Kolleg ab und zu das Gefühl, dass die französischsprachigen – deren Eltern sich zur Elite zählten – auf uns herabblickten. Das Buch »De Leeuw van Vlaanderen« [Der Löwe von Flandern] von Henri Conscience war daher beliebte Literatur für flämische Schüler. Dieser Roman spielt im Jahr 1302, als es einfachen, schlecht bewaffneten flämischen Bauern während der »Schlacht um die Goldenen Sporen« gelang, eine Armee französischer Ritter zu schlagen und ihre goldenen Sporen als Trophäen mit nach Hause zu nehmen. Flamen, die die Franzosen [und in unserem Fall die frankophonen Mitschüler] besiegten. Das war natürlich eine Inspirationsquelle für Scheinschlachten auf unserem Spielplatz.

1968

Ich war selbst nicht dabei, als Pink Floyd hier auf diesem Platz 1968 auftrat. Popmusik kam zu Hause nicht infrage, weil kultur- oder anspruchslos. Eine meiner ersten LPs besitze ich jedoch immer noch: »The Dark Side of the Moon«. Im selben Jahr 1968 [als ich wahrscheinlich noch in kurzen Hosen auf dem Spielplatz den Löwen von Flandern nachahmte] wurde dieser Platz einst besetzt, um ihn verkehrsfrei zu machen. Der Antwerpener Künstler Panamarenko stapelte hier Eisblöcke, die dann zusammenfroren. So entstand der erste autofreie Platz Antwerpens. Das Aufstellen von Hindernissen auf der Straße war gesetzlich verboten, aber welcher Polizist könnte den Künstler für Wasser auf der Straße – wenn auch gefroren – bestrafen?

Die Carolus Borromeuskirche

DER MARMORTEMPEL DER JESUITEN

Spanische Jesuiten hatten bereits im 16. Jahrhundert versucht, sich im wohlhabenden Antwerpen niederzulassen. Sie hatten wenig Erfolg, da sie damals als Kollaborateure der spanischen Behörden galten. Doch während der Gegenreformation kehrten sie mit großer Bravour und Prahlerei zurück. Mitten in der Stadt errichteten sie diese Kirche, die bald als »Marmortempel der Jesuiten« bekannt sein sollte.

Eine detaillierte Beschreibung dieser Kirche mit ihren unzähligen ikonografischen Hinweisen auf den wahren Glauben, das himmlische Jerusalem und die Gründer und Heiligen des Ordens würde zu weit führen. Wer die einfache Fassade der Mutterkirche der Jesuiten in Rom kennt, wird hier seinen Augen nicht trauen. In Rom war noch kein Calvinist aus der Nähe gesehen worden. Hier, nur wenige Dutzend Kilometer von den »bösen« Calvinisten entfernt, wollten die Jesuiten ein klares »Statement« über den »wahren« Glauben abgeben. Hier ist ein Christ genau richtig: Die Fassade täuscht uns das himmlische, feierliche Jerusalem vor.

Obwohl die Abkürzung ›IHS‹ ›**J**esus **H**ominorem **S**alvator‹ [Jesus, Retter der Menschen] bedeuten könnte, geht dieses Monogramm auf die lateinische Abkürzung des Namens Jesu zurück. Der Gründer der Jesuiten, Ignatius von Loyola, klaute das Jesus-Monogramm, um es als Logo seiner »Societas Jesu« einzusetzen. Bösen Zungen zufolge würde ›IHS‹ eher bedeuten: ›**J**esuitae **H**abent **S**atis‹, das ist Küchenlatein für ›**J**esuiten **H**aben **S**att [Geld]‹. In Antwerpen sagt man: »**J**esuiten **H**aben **S**enten« [= Geld].

AD MAIOREM DEI GLORIAM

Zur größeren Ehre Gottes. Das musste ich ganz oben auf jeden Aufsatz in der Schule schreiben. In dieser Kirche triumphiert Gott dank des Barocks als Gesamtkunst: Architektur, Skulptur, Möbel, Gemälde, Gesang und Musik regen gemeinsam die menschlichen Sinne an, damit die tiefere Bedeutung des Wortes ans Licht kommt. Audiovisuelle Kunst soll die Botschaft unterstützen und sogar verstärken. Bei den Jesuiten lernten wir Schauspiel und öffentliches Reden [Rhetorik]. Wurde auf den Schulbanken ein Gästeführer ausgebildet?

Wer außer Rubens, der als der beste Künstler seiner Zeit galt, war besser geeignet, dem Barock in Antwerpen Gestalt zu verleihen? Er war an dem Entwurf der Fassade und des Turms beteiligt, bemalte aber auch – zusammen mit seinem Atelier – die [beim späteren Brand verloren gegangenen] Decken der Emporen dieser Kirche. Für den Hauptaltar fertigte er große

Altarbilder an, die regelmäßig gewechselt werden konnten, wie bei einem Bühnenwechsel im Theater. Die ursprüngliche Bühnentechnik ist noch vorhanden. Die zwei Altarbilder von Rubens mit den Jesuitenheiligen Ignatius und Franciscus Xaverius sind in Wien [siehe unten]. Es sind aber noch drei Gemälde vorhanden, die zu festgelegten Zeiten im Kirchenjahr gewechselt werden. Die Kirche ist bei diesem Spektakel immer voll. Die Begeisterung für die Sonntagsmesse ist dagegen eher gering.

GEKLAUT, GESCHENKT ODER »ERWORBEN«

Einmal durfte ich einen Freundeskreis des Kunsthistorischen Museums Wien durch Antwerpen führen. Mein Co-Guide war der ehemalige Konservator »Alte Meister« des Wiener Museums. Als wir bei dieser Kirche ankamen, fragte ich ihn mit großem Sinn fürs Theater, warum er gerade die Borromeuskirche besuchen wollte, weil sich die Gemälde von Rubens aus dieser Kirche doch in seinem Museum in Wien befänden. Anschließend entbrannte eine lebhafte Diskussion darüber, ob die österreichische Kaiserin damals die Werke geliehen, gekauft oder geklaut hatte, wie die Antwerpener Stadtführer so gerne behaupten. Im Jahr 1773 [wir wurden nicht mehr vom spanischen, sondern vom österreichischen Zweig der Habsburger regiert] lässt die Kaiserin die Jesuiten hier verbannen. Nur drei Jahre später erwirbt sie die besagten Rubensbilder. Meine Hypothese ist, dass die vielen beschlagnahmten Kunstwerke unserer Kirche in ihren Besitz gerieten, weil keiner ihrer Untertanen es wagte, auch für das Los zu bieten und damit den Zorn der Kaiserin zu erregen. Auf der Webseite des Museums wird die Herkunft dieser Gemälde kryptisch als »erworben in 1776« umschrieben.

Jesuiten gehören nicht zu den Klosterorden, die sich hinter Mauern verstecken. Sie leben in der Stadt, und deshalb ist dieser Platz zur Stadt hin »offen«. Neben der Kirche bildeten die anderen Gebäude die Residenz der Jesuiten und dienten als Schulen oder Säle für die Versammlungen der Nachfolger der von Ignatius von Loyola gegründeten Bruderschaften. Heute befindet sich hier die Historische Bibliothek, die wir dem deutschen Kaufmannsmäzen Nottebohm verdanken.

AUF BESUCH BEIM BÜRGERMEISTER

Einen Steinwurf weiter – in der Keizerstraat [Kaisers Straße] – erreiche ich das barocke Antwerpen des 17. Jahrhunderts. Hier lebten wohlhabende Kaufleute, Künstler, Patrizier und Bürgermeister.

Innenhof des Museums Snijders&Rockoxhuis

Wie üblich waren die Spanier bankrott, und die Niederländer brauchten viel Geld, um ihre Handelsflotte vor Seeräubern und Engländern zu schützen [oder sind die dieselben?]. Sie setzten sich um den Verhandlungstisch, und so wurde der Achtzigjährige Krieg, der auf den calvinistischen Bildersturm folgte, durch den Zwölfjährigen Waffenstillstand [1609–1621] unterbrochen. Eine Zeit von Frieden, Hoffnung und Wohlfahrt brach an. Die renommierte Antwerpener Malerschule, die bereits im 16. Jahrhundert in ganz Europa großen Ruhm genoss mit Namen wie Quinten Metsys, Joachim Patinir und Pieter Breughel d. Ä., erlebte einen neuen Aufschwung. Die Generation von Rubens und seinen zahlreichen Schülern und Kollegen ist in allen großen Kunstmuseen der Welt vertreten.

Kurz nach Beginn des Waffenstillstands war Rubens gerade aus Italien zurückgekehrt [seine Mutter war schwer krank und starb vor seiner Ankunft] und fiel fast buchstäblich »met zijn gat« [mit seinem Arsch] in die Butter [was so viel bedeutet, dass er viel Glück hatte], denn viele Zünfte und Bruderschaften mussten ihre zerstörten Altäre wieder neu errichten. Sein erster großer Auftrag in Antwerpen – die Kreuzaufrichtung, die Sie in dem Dom sehen konnten – kam von einem wohlhabenden Mäzen und Sammler, Cornelis van der Geest.

Auf diesem Gemälde aus der Sammlung des Rubenshauses besucht das Regentenehepaar »Albrecht und Isabella« [siehe auch das Fenster im Dom] die Kunstsammlung des Gewürzkaufmannes Cornelis van der Geest. Rubens, Van Dyck und viele andere Antwerpener Maler sind zu Gast. Der Maler dieses Gemäldes, Willem Van Haecht, war spezialisiert auf die Malerei von Kunstkammern wie dieser.

Der wohlhabende Antwerpener stellt seit Jahrhunderten seinen Reichtum zur Schau: Protz gehört zu seiner Seele.

Willem van Haecht, »Die Kunstsammlung von Cornelis van der Geest«, Sammlung Rubenshaus

Ich schaue im **Snijders&Rockoxhuis** vorbei, einem meiner Lieblingsmuseen. Es befindet sich im Stadtpalast von Bürgermeister Nicolaas Rockox, Rubens' Zeitgenosse, Freund und Förderer der Künste. Zum Museum gehört auch das angrenzende Herrenhaus von Frans Snijders, dem bekannten Tier- und Stilllebenmaler, mit dem Rubens und andere häufig zusammenarbeiteten. Dieses Museum veranschaulicht sehr gut, wie Antwerpen in der ersten Hälfte des 17. Jahrhunderts weiterhin das bedeutendste Zentrum von Produktion, Handel und Export von Kunst- und Luxusobjekten blieb, denn viele Kaufmannsfamilien hatten über Generationen hinweg Kapital aufgebaut, das unter anderem in diese Objekte investiert wurde. Es ist nicht verwunderlich, dass das Genre der Male- C rei der Kunstkammer seinen Ursprung in Antwerpen hat. Kaufleute und wohlhabende Bürger konnten mit Kunst ihren respektablen gesellschaftlichen Status zum Ausdruck bringen. Außerdem waren sie begeisterte Sammler aller Arten von Naturalien, aber auch von römischen Münzen, um ihr Wissen über die klassische Antike zu vertiefen. Sie sammelten exotische Pflanzen und tauschten die Samen untereinander. Sie studierten die alten Schriften und nahmen sich den weisen, stoischen Seneca zum Vorbild.

Sie finden hier eine hervorragende Kopie der »Sprichwörter« von Breughel d.Ä. [Original in der Gemäldegalerie in Berlin]. Sie wurde von seinem Sohn, Pieter Bruegel [sic!] dem Jüngeren, angefertigt. Es ist ein wunderbares Beispiel für den Schatz unserer flämischen Sprache an Ausdrücken, von denen viele unübersetzbar sind.

ZWEIMAL NICHTS

Bei der Erstellung dieses Buches haben sich sowohl die altmodischen Wörterbücher als auch die Übersetzungs-Apps als nützlich erwiesen. Dennoch werden Sie sich beim Lesen manchmal ›in de haren gekrabt‹ [die Haare gerauft] haben, denn ich bin kein deutscher Muttersprachler, und einige Wörter oder Wendungen müssen Ihnen seltsam und ungewöhnlich vorkommen. Ohne es zu merken, verwende ich zum Beispiel oft den Ausdruck ›zweimal nichts‹. Bis mich ein deutscher Gast fragte, was ich damit meine. Eigentlich wurde der Ausdruck vom französischen ›trois fois rien‹ übernommen und bedeutet, dass etwas wenig Mühe benötigt, nichts oder sehr wenig kostet.

VAN GOGH IN ANTWERPEN

D

Ein Stück weiter betrete ich den Garten der **Akademie der Bildenden Künste**.[9] Diese war hier von den französischen Revolutionären in den Gebäuden des ehemaligen Franziskanerklosters untergebracht. Ein gewisser Van Gogh wurde hier einst, weil »nicht talentiert genug«, weggeschickt. Für die Kunstsammlung ›Alte Meister‹ und die Meisterwerke der Akademiker wurde das Kunstmuseum KMSKA eigens gebaut und eröffnet. Sie werden es im letzten Spaziergang entdecken.

STADSWAAG

E

Sehr oft bin ich als Student tatsächlich nicht an diesen Platz gekommen. Besonders spät in der Nacht hatte dieser etwas abgelegene Ort einen besonderen Reiz. Damals hatte ich wahrscheinlich mehr ein Auge für Studentinnen und Wirtschaft als für die Geschichte meiner Stadt. Früher befand sich hier jedoch ein wirtschaftlich bedeutendes Gebäude: das **Stadtwaagehaus**, in dem alle Güter amtlich gewogen wurden.

Das Waagehaus, Ausschnitt aus dem Stadtplan von Bononiensis

Stadswaag, der Platz heute [ohne Waagehaus]

AUF DER SCHULE UND DER UNIVERSITÄT DER JESUITEN

Von Anfang an widmeten sich die Jesuiten dem [kostenlosen] Unterricht. Dies schien sehr demokratisch zu sein, aber es waren vor allem Jungen aus der Oberschicht, die dort zur Schule gehen konnten. Daher hatten die Jesuiten einen erheblichen Einfluss auf die Bevölkerung.

Viele Kinder mussten jedoch zu Hause oder auf dem Land arbeiten und konnten nur ihre Sonntagsschulen besuchen. Andererseits lernten die einfachen Kinder dort zumindest Lesen und Schreiben [und den Katechismus].

Die humanistische Jesuitenpädagogik geht aus von den eigenen Talenten und stimuliert jeden, sich selbst zu übertreffen. Dieser persönlicher Fortschrittsoptimismus und der Glaube an die eigene Selbstbestimmungsmöglichkeit steht im Gegensatz zu den calvinistischen Ansichten über die Prädestination, die Bestimmung von oben.

Meine Mutter schickte ihre Söhne für eine hervorragende Ausbildung auf das Jesuitenkolleg. Sie träumte heimlich davon, dass ein zukünftiger Jesuit unter ihnen sein würde. Aber als ich mit 17 Jahren die griechisch-lateinische ›Humaniora‹ [= Gymnasium] verließ, um mein Studium an den von denselben Jesuiten geführten Universitätsfakultäten fortzusetzen, ging es nicht darum, Jesuit zu werden oder Theologie zu studieren, sondern um Wirtschaftswissenschaften zu lernen.

Ist es nicht seltsam, dass die größte flämische Stadt, also Antwerpen, erst seit einem Jahrhundert eine Universität hat? Die erste Hochschule in Antwerpen war das [liberale] »Höheres Handelsinstitut« [siehe auch Spaziergang sieben]. Kurz danach kam als Antwort die Handelshochschule der Jesuiten. Wenn in Antwerpen Handel und Hafen im Vordergrund stehen, dann mussten die Jesuiten mit einer eigenen Hochschule, der späteren Universität, dabei sein.

KOMMEN SIE IM SEPTEMBER MAL WIEDER

Ein berühmter Professor für Ökonomie, ein ehemaliger Jesuit, war gefürchtet wegen seiner mündlichen Prüfungen. Er stellte nur eine Frage, und wenn er mit der Antwort nicht zufrieden war, bekam man eine Null. Kommen Sie im September mal wieder, hieß es dann. Nach unserer Septembersitzung gingen wir mit einigen Studenten zum Musikfilm »Tommy« von The Who und spülten anschließend die diesmal erfolgreich abgelegte Prüfung durch. So landeten wir in einer Bar mit Damen in wenig Kleidung. Eine freundliche Dame zapfte uns ein Bier und bot sich selbst ein Glas Sekt an.

Der erste Innenhof der Universität, Prinsstraat 13

DIE UNIVERSITÄT ALS BAUHERR

F

Die **Universität Antwerpen** hat in diesem Stadtteil als Bauherr und Stadtentwickler viel erreicht. Anstatt eine Menge Gebäude abzureißen und danach einen zentralen Campus mit modernen Hochhäusern zu errichten, wurden gezielt historische Gebäude aufgekauft und einer neuen Nutzung zugeführt. Die Universität beruft sich nicht auf berühmte Architekten, die sich mit spektakulären Bauten einen Namen machen wollen, sondern auf spezialisierte Büros, die wissen, wie man mit der Umnutzung von Kulturerbe umgeht.

Campus »Paardenmarkt«, links die ehemalige Fachschule, im Hintergrund das Wiesenhaus

An Tagen, an denen Kurse stattfinden, können Sie einige dieser Universitätsgebäude entdecken, indem Sie der »alternativen« Route folgen. Vom Innenhof an der Prinsstraat 13 über den großen Innenhof der »alten« Universität gehen Sie auf die Kirche, genannt **»Brabantse Olijfberg«** [= der Brabanter Ölberg], zu. G Hier ist seit 200 Jahren die Antwerpener Evangelische Kirche zu Hause. Die Mitglieder [und Sponsoren] dieser Gemeinde waren im 19. Jahrhundert hauptsächlich Deutsche aus lutherischen Kaufmannsfamilien. Dann geht es vorbei an einem typischen 1970er-Jahre-Gebäude mit Wabenzellen. Rechts geht es weiter zum **Campus »Paardenmarkt«**. Hier ist es der Universität gelungen, eine technische Fachschule aus H dem Jahr 1913, ein Waisenhaus aus dem 16. Jahrhundert und einige einzelne Gebäude zu einem Ganzen zusammenzuführen. Seit meiner Studienzeit hat sich viel im guten Sinn verändert.

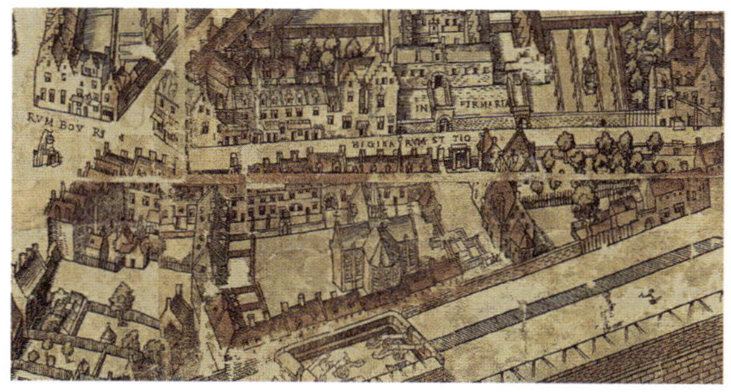

Der Beginenhof [Rodestraat], Ausschnitt aus dem Stadtplan von Bononiensis

BEGINENHOF

Endlich eine Oase. Der **Beginenhof** wurde bis vor I Kurzem von der Diözese verwaltet, die den Hof nun aber der Stadt überlässt. Sie wird ihn in bezahlbaren Wohnraum für junge Familien umwandeln.

Beginen waren sozusagen Nonnen auf Zeit: Sie legten klösterliche Gelübde der Keuschheit, Armut und des Gehorsams für die Zeit ihres Aufenthalts im Beginenhof ab. Die Ursprünge gehen auf die Erneuerungsbewegung innerhalb der Kirche des 13. Jahrhunderts zurück. Auch unverheiratete Frauen versuchten, ein frommes Leben zu führen, meist in einer kleinen Gruppe in einem Convent in der Stadt.

Doch das wurde von den [männlichen] kirchlichen Autoritäten oft mit schiefen Augen betrachtet [= mit Verdacht, entschuldigen Sie diesen flämischen Ausdruck]. Sie lebten weniger an strenge Regeln gebunden, und das verursachte häufig kirchliche Verfolgungen. Das ist auch der Grund, warum die Beginenhöfe zunächst außerhalb der Stadtmauern lagen. Man wollte diese gefährlichen Anarchistinnen lieber nicht mitten in der Stadt haben. Die Tatsache, dass es aufgrund von Krieg und Krankheit einen Frauenüberschuss gab, erklärt teilweise den vorübergehenden Charakter des Statuts. Denn wenn sie den wahren Jakob gefunden hatten, konnten sie den Beginenhof verlassen und – was am wichtigsten war – ihre Mitgift bzw. ihren Reichtum wieder mitnehmen.

Im Beginenhof

Die Bewegung war in den südlichen oder spanischen Niederlanden sehr beliebt. Sie erhielten die Unterstützung des bereits erwähnten Regentenpaares Albrecht und Isabella. Während der Gegenreformation erfreute sich dieser Beginenhof wie andere so großer Beliebtheit, dass weitere Häuser gekauft wurden. Außerdem wurde eine neue Straße mit 14 neuen Wohnungen gebaut. Dies erklärt das typische Aussehen dieses Beginenhofs aus dem 17. Jahrhundert.

JAKOBIKIRCHE: BAROCKDEKOR IN EINEM GOTISCHEN SKELETT

Diese Kirche, in der Rubens begraben liegt, verdient mehr als einen oberflächlichen Besuch. Sie ist teilweise zugänglich, da im östlichen Teil, wo sich das **Rubensgrab** befindet, derzeit Restaurierungsarbeiten stattfinden. Antwerpen hat in seinen gotischen Gotteshäusern so viele barocke Schätze zu bieten. Barockaltäre aus schwarzem und weißem Marmor schmücken die meisten belgischen [gotischen] Kirchen. Es scheint, als wäre das schon immer so gewesen.

J

Die Tatsache, dass Rubens hier begraben wurde, weist darauf hin, dass er – und viele andere prominente Bürger wie der Bürgermeister Rockox, dessen Haus zum Museum wurde – zu dieser Pfarrei gehörte. Die Zünfte hatten ihre Altäre in der Hauptkirche. Die Elite [und die Compostela-Pilger] hatten den Heiligen Jakob.

HATTE RUBENS EINE GLATZE?

Peter Paul Rubens

Der bekannteste Antwerpener ›Sinjoor‹ ist natürlich Peter Paul Rubens, der zwar in Siegen geboren wurde, mehr kann man über [Rubens in] Siegen aber nicht sagen. Er stellte sich in seinem Selbstporträt [rechts, aus der Sammlung des Rubenshauses] als selbstbewusster, stoischer Aristokrat in der Kraft seines Lebens dar. Es sind nur vier Selbstporträts von ihm bekannt, und er sorgte dafür, dass Stiche dieser Bilder diese originalgetreu wiedergaben. Wie heute viele auf ihr Facebook- und Instagram-Profil achten, so pflegte auch der Meister sein Image. Weil Rubens offenbar eine Glatze hatte, die er auf seinem Selbstbildnis unter einem Hut versteckte. Den Beweis liefert ein Porträt des Meisters, das von einem Lehrling angefertigt wurde [Mitte: mit freundlicher Genehmigung der National Gallery of Art, Washington]. Anlässlich seines 200. Todesjahres wollte man am 15. August 1840 während der geplanten Rubensfeierlichkeiten eine Statue des Meisters auf dem Groenplaats aufstellen, um den größten ›Sinjoor‹ zu ehren. Da das Königreich Belgien zu diesem Zeitpunkt erst zehn Jahre alt war, wollte unser König, dass die belgischen Städte an zentralen Orten Statuen historischer Persönlichkeiten aufstellten. Auf diese Weise würde das junge Belgien eine heroische nationale Geschichte bekommen. Zu diesem Zweck wurde Rubens »nationalisiert«, obwohl er noch nie von Belgien gehört hatte. Die Statue [links] wurde – sehr belgisch – zehn Tage zu spät aufgestellt, und außerdem handelte es sich nur um das Gipsmodell. Offenbar passte ein kahlköpfiger Belgier damals auch nicht in das patriotische Bild des jungen Königreichs.

K

Als ich an einem warmen Sommerabend auf dem kleinen etwas versteckten **Nikolausplatz** lande, kann ich dem Geruch der Muscheln und Pommes kaum widerstehen. Das Restaurant, in das hauptsächlich Einheimische kommen, trägt den Namen **»BarBouf«**. Wer Französisch spricht, wird den Namen verstehen: ›bouffer‹ bedeutet so viel wie ›[fr]essen‹.

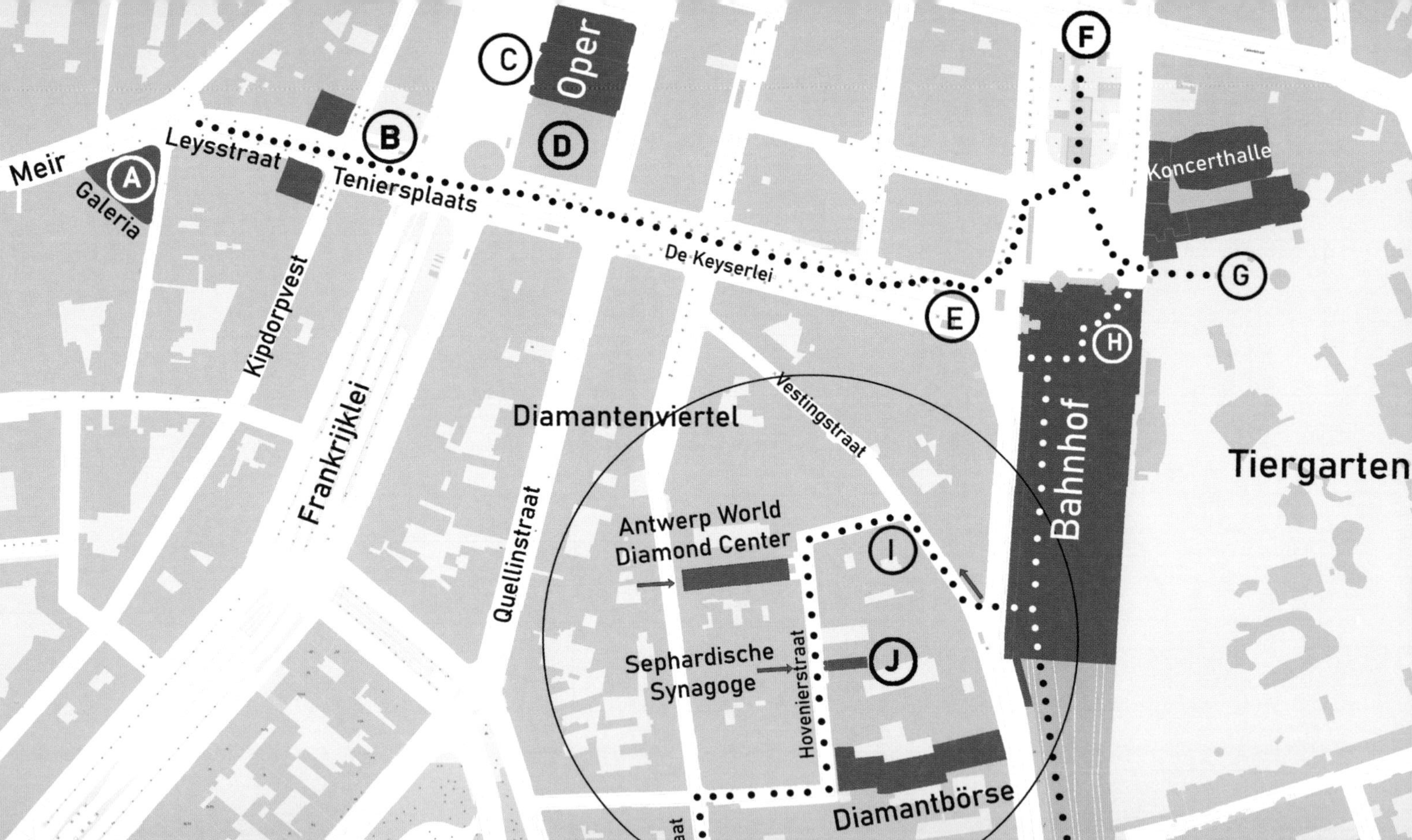
Meir
Galeria
A
Leysstraat
B
C
Oper
D
Teniersplaats
De Keyserlei
E
F
Koncerthalle
G
H
Bahnhof
Tiergarten
Kipdorpvest
Frankrijklei
Quellinstraat
Diamantenviertel
Vestingstraat
Antwerp World
Diamond Center
I
J
Sephardische
Synagoge
Hovenierstraat
Diamantbörse

Fünfter Spaziergang
200 M
Jüdisches Viertel
Lange Kievitstraat
Abkürzung
Pelikaan
Lindner
Top
Hat
Hoffy's
Terliststraat
Van Leriusstraat
Benoth
Jerusalem
Schule
Belze
Synagoge
Shomre
Hadash
Chaside
Wisnitz
Jacob Jacobsstraat
Satmar
Machsike
Hadass
K
Mahnmal
Romi Goldmuntz

SPAZIERGANG V: BAHNHOF, DIAMANTEN UND JÜDISCHES ANTWERPEN

Oper – Bahnhof – Diamantenviertel – jüdisches und multikulturelles Antwerpen – Belle-Époque-Viertel Zurenborg

Ich verlasse die mittelalterliche und barocke Altstadt, um mich in die Belle Époque zu begeben. Das Prunkstück schlechthin ist der Bahnhof aus der Zeit um die Jahrhundertwende. Bald merkt man, dass dieses multikulturelle Bahnhofsviertel eng mit dem Diamantenhandel und der jüdischen Gemeinschaft verbunden ist. Für Freunde des Jugendstils gibt es ein außergewöhnliches Extra: das Belle-Époque-Viertel rund um die Cogels-Osylei.

DIE DEUTSCHEN UND DIE BELLE ÉPOQUE

Die »Meir« wäre heute wohl die teuerste Straße auf dem Spielbrett von Monopoly. Am Ende der »Meir« sehe ich das **Kaufhaus INNO**. Ursprünglich gehörte dies der jüdisch-preußischen Familie Tietz. Um 1900 lebten schätzungsweise 9.000 Deutsche in Antwerpen. Ein Blick auf die Europakarte genügt, um den Grund dafür herauszufinden: Der Hafen von Antwerpen war und ist der logische Import-Export-Seehafen für weite Teile Deutschlands. Viele deutsche Handelsfamilien ließen sich daher in Antwerpen nieder, insbesondere als die Schifffahrt auf der Schelde 1863 liberalisiert wurde. Fünf Jahre bevor die Niederländer den Vertrag über die freie Rheinschifffahrt [Mannheimer

Akte] unterzeichneten, hatte die belgische Regierung den Zoll auf der Schelde den Niederländern für immer abgekauft [siehe auch Spaziergang sieben]. Die deutsche Gründerzeit, die industrielle Revolution und der Erwerb des Kongo durch den belgischen König führten zum wachsenden Wohlstand für Händler und Unternehmer. Die Prunkbauten der Belle Époque zeugen davon. Als der Erste Weltkrieg ausbrach, standen diese deutsch-belgischen Einwohner vor dem Dilemma: Treue zur Heimat oder zum Gastland.

DIE ANTWERPENER RINGSTRASSE

Ich verlasse die Leysstraat in Richtung Teniersplaats. Wie immer versuche ich, den kommerziellen Kram in den Schaufenstern zu ignorieren und den Blick auf die Prestigefassaden zu richten. Als ich an der Statue des barocken Malers Teniers ankomme, an dessen Füßen ich vor etwa 20 Jahren meine Prüfung als Stadtführer bestanden habe, stehe ich Rücken an Rücken mit dem Maler, um die prahlerischen **Eckgebäude** zu fotografieren. Sie wurden hier ganz bewusst als eine Art Eingangstor zur Stadt für In- und Ausländer platziert. B

Eckgebäude Leysstraat – Teniersplaats

Nun überquere ich den 60 Meter breiten Boulevard. Er wurde um 1865 nach dem Schleifen der ehemaligen Stadtmauern errichtet und bildet einen Halbkreis um die Altstadt. Dieser Boulevard, an dem große Bauwerke entstanden, ähnelt verdächtig der Wiener Ringstraße. Links sehe ich zum Beispiel das **Opernhaus**. Rechts in der Ferne sehe ich die neugotische Kirche des Jesuitenkollegs, in dem ich zur Schule ging. Der modern wirkende, weil kürzlich **renovierte Wohnturm** direkt vor mir wurde an der Stelle errichtet, an der einst das Grand Hotel »Weber« stand. Dieses Hotel wurde neben der Oper ebenfalls um 1900 im Auftrag des gleichnamigen deutschen Hoteliers gegründet. Eine V-2-Bombe fiel auf das Hotel, dann kam ein typisches Bürogebäude aus den späten 1960er-Jahren, das auf der Liste der hässlichsten Gebäude der Welt landete.

C

D

Die Oper

Bei der jüngsten Sanierung des Turms wurde das Gebäude noch um zwei Stockwerke erhöht. Ich möchte in diesem Turm wohnen, gerade um nicht zu ihm hinaufschauen zu müssen.

Ich ignoriere den Turm und eile über **De Keyserlei** zum Bahnhof. Schon um 1900 war dies die Straße der Cafés, Restaurants, Hotels und Kinos. Am 16. Dezember 1944, genau am Tag des Beginns der Ardennenoffensive, stürzte eine V-2 auf das Rex-Kino. Die 567 Toten sollten die Antwerpener – die bereits in September 1944 befreit waren – daran erinnern, dass diese Offensive die Wiedereroberung ihres Hafens zum Ziel hatte, um somit die Logistikkette der Alliierten zu durchbrechen. Ein weiterer Beweis für die besondere strategische Lage Antwerpens an der Schelde. Diese belebte Straße hat ihren Charme der Belle Époque weitgehend verloren. Dass Fastfood und Restaurants florieren, davon zeugen die Massen an Fußgängern und die überfüllten Terrassen.

Der Bahnhof am Ende der De Keyserlei

DIVERSITÄT IN ANTWERPEN

Am Ende der De Keyserlei ist die monumentale, wie ein Triumphbogen wirkende Fassade des Bahnhofsgebäudes aus dem Jahr 1905 nicht zu übersehen.

Doch bevor ich die Eisenbahnkathedrale betrete, möchte ich auf einer Bank auf dem belebten **Astrid-**

plein Platz nehmen. Hier schlägt das »diverse« Herz der Stadt. Denn um das wirkliche Leben – und ich würde fast sagen, die wahre Seele einer Stadt – zu entdecken, muss man die Gegend rund um den Bahnhof erkunden. Hier wird sehr deutlich, dass die Einheimischen mittlerweile zur Minderheit geworden sind.

Wenn Sie asiatische Spezialitäten suchen, gibt es hinter dem Pagodentor das chinesische Viertel. Jede Hafenstadt hat ihre »Chinesen«, die oft schon vor langer Zeit ins Land gekommen waren. Auch wenn sie Schwierigkeiten haben, den Buchstaben »r« auszusprechen [normalerweise wird daraus ein »l«], kenne ich mehrere chinesische Restaurants, deren Besitzer den Antwerpener Dialekt hervorragend beherrschen.

Chinatown

Entlang dieser stark belebten Hauptstraße und in den angrenzenden Straßen leben viele Muslime, sowohl aus dem Maghreb als auch aus Schwarzafrika. Derzeit gibt es in Antwerpen über 50 Moscheen.

Die größte Gruppe ausländischer Herkunft in Antwerpen [und eigentlich in ganz Belgien] stammt aus Marokko. Es handelt sich um die zweite und dritte Generation ehemaliger Gastarbeiter, die in den von Arbeitskräftemangel geprägten goldenen 1960ern hierher gebeten wurden, um die Arbeit zu erledigen, die wir nicht mehr selbst machen wollten.

Während Französischsprachige aus Schwarzafrika – man denke nur an die Kongolesen – eher im ebenfalls überwiegend französischsprachigen Brüssel leben, wohnen in Antwerpen vor allem Migranten aus dem englischsprachigen Schwarzafrika.

Nach der Wende kamen auch Zehntausende Migranten aus dem ehemaligen Ostblock hierher. Mit den polnischen Handwerkern fing es schon früh an. Schließlich zahlen wir Belgier lieber Schwarzarbeiter als Mehrwertsteuer. Später kamen die rumänischen Bauarbeiter und LKW-Fahrer, dann die Bosnier usw.

Die zusätzliche neuere Zuwanderung von Afghanen, Pakistanern, Syrern, Sudanesen und Ukrainern stellt eine Stadt wie Antwerpen vor eine große Herausforderung. Im städtischen Bildungswesen sprechen 40 Prozent der Kinder zu Hause kein Niederländisch. Mangelnde Kenntnisse der Landessprache behindern die Integration und die Chancen auf dem Arbeitsmarkt, obwohl auch heute wieder ein Mangel an [Fach-]Arbeitskräften herrscht.

Die größte Ausländergruppe sind jedoch die Niederländer, weil sie nicht die belgische Nationalität anstreben, sondern gerne hierherkommen, um das »gemütliche« und »burgundische« Leben zu genießen. Darüber hinaus ist Wohnen und Studieren hier günstiger als in den Niederlanden.

Der Bahnhof, gesehen vom Astridplein

WARUM DEUTSCHE IN ANTWERPEN BESSER KEIN FRANZÖSISCH SPRECHEN SOLLTEN

Hochgebildete deutsche Gäste, die stolz auf ihre Französischkenntnisse sind, glauben, in Antwerpen ihre Mehrsprachigkeit demonstrieren zu müssen. Davon rate ich ab! Erstmals ist die Umgangssprache hier Flämisch oder Antwerpener Dialekt und nicht Französisch. Zweitens kann es eine gereizte Reaktion hervorrufen, auch wenn die meisten hier die Sprache Molières einigermaßen beherrschen. Ich habe meiner Schwägerin aus Frankreich einmal den guten Rat gegeben, bei einem Restaurant- oder Ladenbesuch in Antwerpen sich sofort zu entschuldigen, dass sie aus Frankreich kommt, und erst dann zu fragen, ob man Französisch versteht. Sogar französischsprachige Antwerpener sprechen das Personal auf Flämisch an. Die Flamen haben lange um die Anerkennung ihrer Sprache kämpfen müssen und reagieren ein bisschen genervt, wenn jemand einfach ein Geschäft betritt und sofort auf Französisch anfängt.

SCHÖNSTER BAHNHOF EUROPAS

Ich wende mich wieder dem Bahnhofsgebäude zu. Die meisten historischen Bahnhofsgebäude haben nur vorne eine Prestigefassade. In Antwerpen gibt es vier solche Prunkseiten. An dieser Fassade stechen die kleinen Türme hervor. Es ist kein Zufall, dass der Architekt des modernen Hotels hinter mir als eine Art Reaktion auch zwei Türme in seinen Entwurf integriert hat.

G

Zeit, den **Zoo** zu betreten. Im frei zugänglichen Eingangsbereich habe ich jetzt einen schönen Blick auf eine weitere Fassade des Bahnhofsgebäudes. Die Affen – bei denen wir kein ästhetisches Empfinden vermuten – dürfen auch auf eine ausgearbeitete Fassade blicken. Der Tiergarten ist übrigens 60 Jahre älter als der Bahnhof.

Die Kuppel des Empfangsgebäudes: das Antwerpener Pantheon

Zurück zum Bahnhof. Jedes Mal, wenn ich das Gebäude betrete, bleibe ich in einer Ecke stehen, um die überwältigende Perspektive auf mich [und die Besucher] wirken zu lassen. Erst dann setze ich mich genau in die Mitte. Auch wenn Sie nicht aus Stuttgart kommen, wird dieses Empfangsgebäude wahrscheinlich ein Wow hervorrufen. Wenn Sie zur Kuppel hinaufschauen, denken Sie vielleicht an das Pantheon und werden verstehen, warum dieses Gebäude manchmal als Kathedrale der belgischen Bahn bezeichnet wird.

Dieses enorme Gebäude, in dem Leute wie Ameisen ihren Weg fortsetzen, scheint von geringem praktischen Nutzen zu sein. Genau das ist jedoch das Wesentliche. Es hat eine Pracht, die gut zur Antwerpener Mentalität passt: weltoffen, aber prahlerisch und protzig. Show und Theater, übertreiben, mit Geld prahlen sitzt dem Antwerpener in den Genen. Ausländer und Menschen aus der Provinz [von dem aus Antwerpener Sicht sogenannten »Parkplatz«] sollten von unserer Handelsmetropole schon bei ihrer Ankunft beeindruckt sein.

H

Nun verlasse ich das Empfangsgebäude, um in der **Bahnhofshalle** selbst die Visitenkarte der Stadt zu bewundern. Ich muss mich zwischen der Ehren- und der Rolltreppe entscheiden, um zur Ebene +1 der Bahnhofshalle zu gelangen. Hier – auf dem Niveau des ehemaligen Sackbahnhofs – befindet sich eine weitere Prunkfassade. Auch diese Fassade ist, obwohl von der Eisenbahnhalle überwölbt, komplett als Außenfassade ausgeführt. Davon zeugen zum Beispiel die [nutzlosen] Blitzableiter.

Um 1900 kam man mit dem Seeschiff oder mit der Eisenbahn nach Antwerpen. Der Bahnhof war also das Erste, was ein ausländischer Zugreisender von unserer Stadt sah. Deshalb verweist diese Fassade auf den Reichtum dieser Stadt [in Form des Horns des Überflusses], auf Neptun [mit dem Dreizack] als Gott des Meeres und auf Merkur [mit dem Doppelschlangenstab] als Gott des Handels. Natürlich darf das Antwerpener Wappen [hier mit den besser sichtbaren Händen] nicht fehlen.

In den 1990er-Jahren konnte das Zugangebot aufgrund von Kapazitätsproblemen nicht mehr mit der Nachfrage Schritt halten. Um die Bausubstanz zu erhalten, wurde der ehemalige Kopfbahnhof um zwei unterirdische Geschosse mit acht Gleisen erweitert und an die 2007 fertiggestellte Nord-Süd-Verbindung angebunden. Der zweiröhrige Tunnel unterquert den Bahnhof und die Stadt und schafft eine Verkehrsanbindung nach Brüssel und Amsterdam auch für Hochgeschwindigkeitszüge.

Die Visitenkarte der Stadt für die ankommenden Reisenden

Jetzt, weil ich doch hier bin, gönne ich mir einen Kaffee im Wartesaal der ersten Klasse. Hier herrscht noch die Atmosphäre der Belle Époque, als der Zug noch pünktlich war, jemand meinen Koffer trug und der Kaffee von einem Kellner serviert wurde. Reisen mit Stil.

Der Wartesaal der ersten Klasse

BAHNHOF, DIAMANTEN UND JÜDISCHES ANTWERPEN

Ab dem letzten Viertel des 19. Jahrhunderts versuchten Millionen ärmerer Europäer, auf den amerikanischen Kontinent auszuwandern. Für die Überfahrt reisten sie mit dem Zug in eine Hafenstadt wie Antwerpen [siehe Spaziergang sechs]. Darunter auch viele mittel- und osteuropäische Juden, die in ihrer Heimat Opfer von Pogromen wurden. Viele jüdische Migranten blieben jedoch in Antwerpen. Entweder fehlten ihnen die Mittel für die Überfahrt, oder sie wurden aus medizinischen Gründen nicht aufgenommen. Viele landeten im traditionell jüdischen Diamantensektor, entweder als Diamantschleifer oder als Händler. So zählte die jüdische Bevölkerung in Antwerpen um die Jahrhundertwende bereits 9.000 Menschen. Es ist kein Zufall, dass das jüdische Viertel, das **Diamantenviertel** und das Bahnhofsviertel zusammenliegen. Für Diamantenhändler war die Nähe des Bahnhofs ein entscheidendes Argument, sich hier niederzulassen oder hier Geschäfte zu machen. Heute nennt man das Mobilität. Auch jüdische Menschen lebten lieber in der Nähe des Bahnhofs und hatten einen gepackten Koffer zur Flucht parat.

DIAMANTEN SIND DIE BESTEN FREUNDE DER JAIN

Reisebüros werben in ihrem Reiseangebot für Antwerpen gerne mit dem Slogan »Hauptstadt der Diamanten«. Das Diamantenviertel von Antwerpen ist jedoch für Uneingeweihte eine Enttäuschung. Es sind drei unglaublich hässliche Straßen mit heruntergekommenen Bürogebäuden. Als Laie darf man die vier Börsen nicht betreten.

Der Handelsraum der Börse für den Diamantenhandel

Antwerpen ist tatsächlich die Hauptstadt des Diamantenhandels. 80 Prozent der Rohdiamanten und 50 Prozent der geschliffenen Diamanten der ganzen Welt werden hier gehandelt, auch wenn das Schleifen von Diamanten sich größtenteils nach Asien verlagert hat. Dennoch lohnt es sich, durch die Hoveniersstraat zu laufen: Sie werden mit Sicherheit im Bild sein [400 Kameras behalten Sie im Auge], und mitten in der Straße befindet sich die **sephardische Synagoge**, vor der 1981 drei Menschen Opfer eines Autobombenanschlags wurden. Das erklärt auch die Polizeipräsenz in dem Gebiet.

J

Allerdings werden Sie vor allem während der Bürozeiten feststellen, dass es im Diamantenviertel kaum etwas zu sehen gibt. Die »liberalen« Juden, sie tragen nur eine Kippa, sind sicherlich immer noch in der Branche präsent. Heute liegt der Diamantenhandel jedoch hauptsächlich in den Händen indischer Kaufleute, die dem Jainismus angehören. Dies ist eine sehr kleine, aber einflussreiche Religion aus Indien. Ich wohne in einem schönen Parkviertel, in dem diese Inder riesige Villen gebaut haben. Sie ließen hier auch den größten Jaintempel außerhalb Indiens errichten.

Der Jaintempel von Antwerpen

Wer trotzdem Diamanten sehen möchte: In den umliegenden Straßen gibt es unzählige Schaufenster, in denen Juwelen [mit oder ohne Diamanten] glänzen.

JÜDISCHES ANTWERPEN

Ich bitte Besuchergruppen immer, die jüdische Gemeinschaft nicht zu fotografieren oder sie wie Fische in einem Aquarium anzustarren. Schließlich sind die auffällig gekleideten ultra-orthodoxen Männer mit ihren Pelzmützen und Locken nicht zu übersehen, ebenso wie die [verheirateten] Frauen mit Perücken oder Kopftuch. Mit einer Gruppe durch das jüdische Viertel zu gehen, hat daher etwas Voyeuristisches.

Dennoch hat man oft den Eindruck, die Juden seien immun gegen die Blicke der Passanten.

Während in der Vergangenheit die sephardischen Juden [insbesondere Marranos aus Portugal] den Kern der jüdischen Präsenz bildeten, stellten die osteuropäischen [= aschkenasischen] Juden nach dem Zweiten Weltkrieg bald die mit Abstand größte Fraktion dar.

So war Antwerpen vor dem Zweiten Weltkrieg eine zionistische Hochburg [mit Sozialisten, Kommunisten und sogar Atheisten] und ist heute nach Jerusalem und New York die Heimat der drittgrößten ultraorthodoxen Gemeinschaft.

Die orthodoxe jüdische Gemeinschaft

Fast alle Juden in Antwerpen sind Chassidim, das heißt fromm. Liberale Juden wohnen hauptsächlich in Brüssel oder verlassen Antwerpen Richtung Israel.

In unserer Stadt gibt es vier Synagogen und mehrere Dutzend Kultstätten oder Schulen [›Sjoelen‹ auf Jiddisch] für etwa 20.000 Juden. Die jüdische Gemeinschaft in Antwerpen ist größtenteils orthodox, im Sinne der Treue zur Tora [dem Gesetzbuch mit 613 Geboten] und zum Talmud [der Auslegung der Tora]. Innerhalb dieser Gemeinschaft gibt es jedoch alle möglichen Grade von »Frömmigkeit« oder Orthodoxie.

Die nichtjüdischen Nachbarn haben sich an die besonderen Bräuche gewöhnt. Einige Beispiele: Ein orthodoxer Jude darf am Ruhetag – dem Sabbat – keine Arbeit verrichten und nicht einmal den Aufzugschalter betätigen. Nachbarn wissen, dass sie für sie den Aufzugknopf drücken müssen und dass bei ihnen nachts das Licht anbleibt.

Am Sabbat, dem Ruhetag, muss der Mensch die tägliche Arbeit einstellen, um sich ganz dem Höheren widmen zu können. Gegenstände dürfen nur eingeschränkt mitgeführt oder bewegt werden. Deshalb ist die Antwerpener jüdische Gemeinde – als eine der wenigen in der Welt – mit einem ›Eruv‹ eingezäunt. Dieser ›Eruv‹ hat oft die Form eines Kabels, das scheinbar nutzlos über Zufahrtsstraßen gespannt wird, und definiert eine Fläche, innerhalb der beispielsweise die Sabbatregel über das Tragen von Lasten keine Anwendung findet.

Tasjliech am Rosch ha-Schana [jüdisches Neujahr]

Während des jüdischen Neujahrs [Rosch ha-Schana] findet im Antwerpener Stadtpark eine Art »Reinigungsritual« statt. Beim Gebet »Möge Er alle unsere Sünden in die Tiefen des Meeres werfen« werden Brotkrümel ins Wasser geworfen, und damit schüttelt man seine Sünden fast buchstäblich in den Teich ab.

Nur der Talmud schreibt vor, dass dies unter fließendem Wasser erfolgen muss. Leider ist das in unserem Park nicht der Fall. Aber wenn der Rabbi zustimmt, haben auch die Chassidim eine reine Seele, um zehn Tage später den Versöhnungstag [Jom Kippur] zu feiern. Das Festhalten an Bräuchen [Gesetzen], die für Außenstehende manchmal befremdlich sind, ist der Kern ihrer Identität als Juden. Dies aufzugeben, würde eigentlich das Ende des Judentums, das Ende des jüdischen Volkes bedeuten.

Aufgrund der großen Zahl sehr auffälliger ultra-orthodoxer Juden in unserer Stadt würde man erwarten, dass der Antisemitismus hier höher ist als in manchen anderen Großstädten. Trotz der Spannungen im Nahen Osten scheint dies jedoch kaum der Fall zu sein. Gerade weil wir sie täglich auf der Straße sehen, kennen wir sie wahrscheinlich besser als Bewohner aus Städten oder Regionen, in denen kaum [noch] Juden leben.

Mahnmal für die Shoah

Juden und Muslime wohnen hier übrigens in benachbarten Vierteln. Es gibt wenig gegenseitigen Kontakt, aber auch kaum Feindseligkeit. Schlachten von Lämmern ohne Betäubung [verboten in Flandern], drei bis sechs Mal am Tag Jahwe oder Allah ansprechen, koscher oder halal essen, Kopftuch oder Perücke tragen … – es gibt mehr Gemeinsamkeiten, als man auf den ersten Blick denkt.

WARUM GIBT ES IN ANTWERPEN KAUM STOLPERSTEINE?

K

Das **Denkmal der Shoah** spricht für sich. Antisemitismus gab und gibt es zu allen Zeiten und in allen Regionen. Der Stadtrat von Antwerpen hat sich bei der jüdischen Gemeinde für seine Haltung während der Judenverfolgung im Zweiten Weltkrieg entschuldigt. Es fällt mir auf, dass gerade in Antwerpen, wo eine beträchtliche jüdische Bevölkerung lebte und noch immer lebt, die Zahl der »Stolpersteine« eher gering ist im Vergleich zu deutschen Städten. Kurz vor 1940 dürften rund 40.000 Juden in Antwerpen gelebt haben. Schließlich waren manche osteuropäischen Juden vor dem zunehmenden Antisemitismus in ihrer Heimat bereits nach Belgien geflüchtet. Sie besaßen keine belgische Staatsangehörigkeit und zogen es vor, sich nach außen nicht als Juden zu erkennen zu geben, gerade wegen ihrer schlechten Erfahrungen in ihrem Herkunftsland. Da die Mehrheit der Antwerpener Juden nicht aus den KZ-Lagern wiederkehrte, müsste man buchstäblich über die Stolpersteine stolpern.

Nichts ist weniger wahr. Es gibt mehrere Dutzend in verschiedenen Antwerpener Vororten, in denen heute keine jüdische Gemeinde mehr existiert. Hier, in der Innenstadt, sind ebenfalls einige Dutzend zu finden. Sie kamen hauptsächlich auf Wunsch von Verwandten jüdischer Familien, die selbst jedoch nicht mehr in Antwerpen leben. Vonseiten der Stadtverwaltung gab es lange Zeit großen Widerstand, mit dem Argument, dass private Eingriffe in den öffentlichen Bereich [in diesem Fall der Fußweg] nicht erlaubt seien. Jedoch liegt seit einigen Jahren die Genehmigung der Stadt vor, und somit sind die ersten Steine aufgetaucht. Die meisten jüdischen Einwohner mögen sie nicht. Man argumentiert, dass solche Steine einem kommerziellen Zweck dienen, aber vor allem, dass sie »respektlos« sind: Es wird darauf getreten, und Hunde hinterlassen etwas darauf. Andere argumentieren, dass es besser sei, individuelle Gedenkstätten durch eine gemeinsame Gedenkstätte wie diese zu ersetzen, damit aller Opfer gedacht wird. Paradoxerweise gibt es hier meiner Meinung nach auch kaum Stolpersteine, genau weil hier viele Juden wohnen.

KOSCHER ODER HALAL

Ein sehr bekanntes jüdisches [und daher natürlich ko-
scheres] Restaurant und empfehlenswert ist **»Hoffy's«**. 1
Diese sympathischen Brüder erklären Ihnen gerne die
Bräuche der jüdischen Küche.

Wer marokkanisches Halal-Essen bevorzugt, kann
ins **»Bizanaat«** im Stadtteil Zurenborg gehen. 2

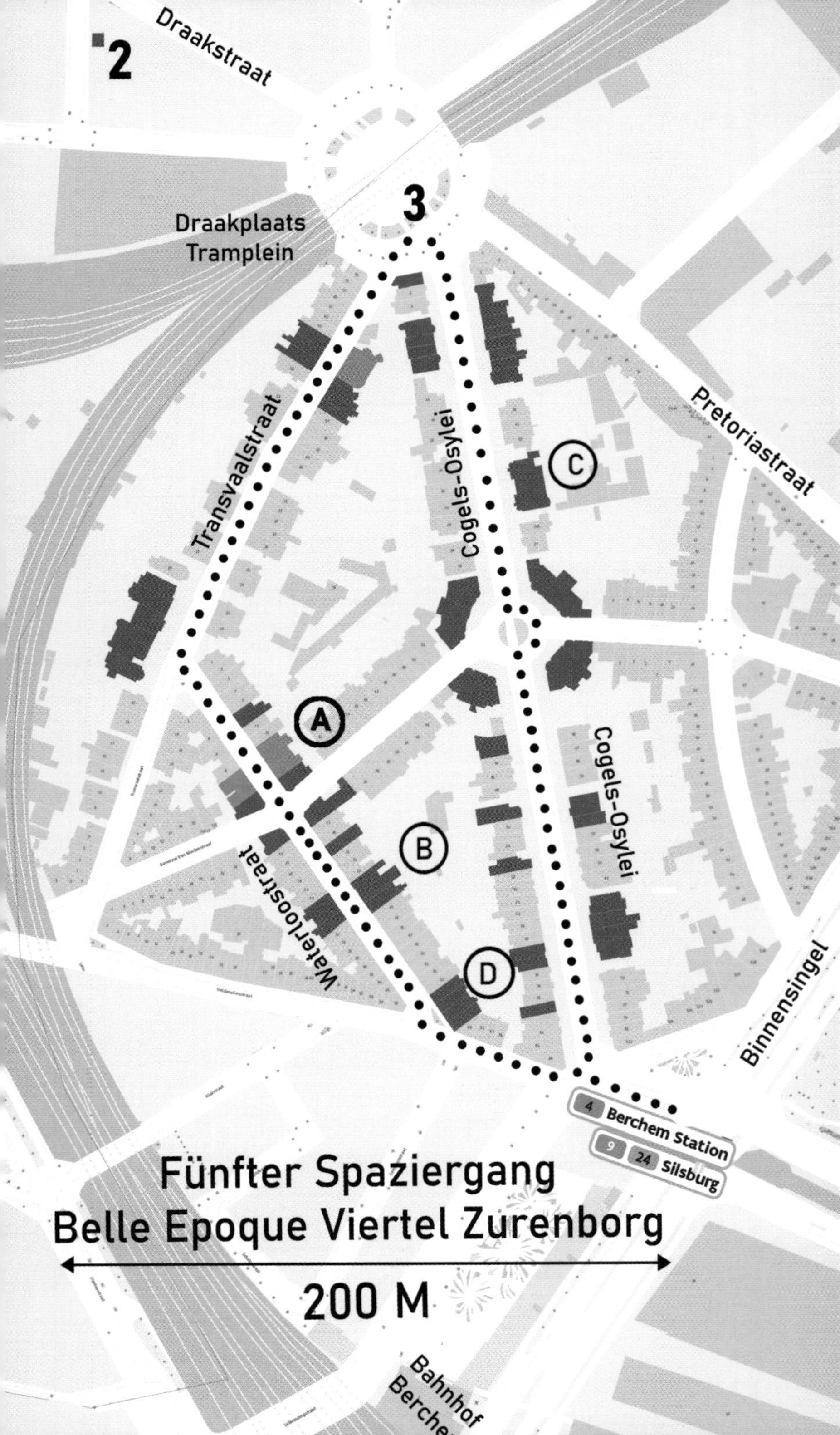

2
Draakstraat
3
Draakplaats
Tramplein
Transvaalstraat
Cogels-Osylei
Pretoriastraat
C
A
B
Cogels-Osylei
Waterloostraat
D
Binnensingel
4 Berchem Station
9 24 Silsburg
Fünfter Spaziergang
Belle Epoque Viertel Zurenborg
200 M
Bahnhof
Berchem

BELLE ÉPOQUE: COGELS-OSYLEI

Für unermüdliche Wanderer empfiehlt sich die Gegend rund um die Cogels-Osylei, die man einfach mit der Straßenbahnlinie 9 [Haltestelle Berchem Station] erreicht.

Um 1900 ließen sich die reicheren Bürger, die aus der von Armen überfüllten Innenstadt flohen, hier ein Haus bauen. Viel Geld und Prunk wurden in die Fassade gesteckt, denn schließlich lässt sich an ihr der soziale Status des Bewohners ablesen. Hier kommt die prahlerische Art der Antwerpener Seele wieder zum Vorschein. Ich nehme mir mindestens eine Stunde Zeit, um dieses Belle-Époque-Viertel zu entdecken. Jugendstil, Neorenaissance, Neugotik, Historismus, Eklektizismus und Zuckerbäckerstil.

Nach meinem Rundgang genieße ich ein Bier beim **»Wattman«** auf dem Draakplaats. 3

Hier zwei kleine Impressionen:

B

Sechster Spaziergang
Schelde
200 Meter
Tavernierkaai
Straße
7
Brouwersvliet
Bonapartedok
MAS
Rijnkaai
Red S
7 Eilandje
5
2
1
Nassaustraat
3
Londenbrug
Willemdok
4
Hessenhuis
Oudeleeuwenrui
Felix Pakhuis
K
Park Spoor Noord
Italiëlei
24 Slijsburg

Sechster Spaziergang
200 Meter
Royerssluis
Trockendockpark
Trockendockinsel
.ine
Sasdok
Hafenhaus
Zaha Hadid
Kattendijkdok
ijkdok-Oostkaai
Kirchenschiff
Pomphuis
24 Havenhuis
Straßenbahn
Houtdok

SPAZIERGANG VI:

DAS ALTE HAFENVIERTEL

*Lotsendienst – Brauershaus – MAS –
Red Star Line – Hafenhaus – Park Spoor Noord –
Felix Pakhuis – Hessenhaus*

Mein vorletzter Spaziergang führt mich in das alte Hafenviertel an den Nordrand der Altstadt. Dies ist ein langer Spaziergang, da das Hafenhaus ziemlich weit entfernt ist. Mit einem Fahrrad oder mit den Straßenbahnlinien 7 und 24 kann ich den Fußweg abkürzen.

Dieses Viertel hat in den letzten Jahrzehnten eine Metamorphose erlebt: Das geschäftige Hafenleben ist einem ruhigen, modernen Wohnviertel am Wasser gewichen. Tolle Architektur hat das Viertel zu neuem Leben erweckt. Von der faszinierenden maritimen und wirtschaftlichen Vergangenheit zeugen Gebäude, alte Docks und Schiffe.

Gebäude des Lotsendienstes an der Schelde

LOTSENDIENST[10]

Wo könnte ich meinen Rundgang besser beginnen als beim [ehemaligen] **Lotsendienst**, der wie ein Scharnier zwischen der Stadt und dem Hafen errichtet wurde? Hier lösten sich die Lotsen auf der Schelde gegenseitig ab. Deshalb steht der Turm des schlossähnlichen Gebäudes, das 1895 im damals typischen eklektischen Stil erbaut wurde, zur Wasser- und nicht zur Landseite hin. Die Besatzung der Marineschiffe, die die Schelde hinauffahren, grüßt vom Deck das Denkmal für die im Krieg gefallenen Seeleute. **A**

Wir saßen hier einmal bei Sonnenuntergang mit einer Gruppe von Familie und Freunden und bestellten Pizza. Der arme Pizza-Boy fand diesen romantischen Ort nicht, weil es dafür keine genaue Adresse gibt [und dieser »Neu-Belgier« sich hier noch nicht auskannte]. Hier möchte ich »Die Lichter der Schelde« hören, den sentimentalen flämischen Schlager vom heimkehrenden Seemann.

ENTLANG DES BRAUERSHAUSES

Etwas verloren zwischen Lagerhallen und Bürogebäuden liegt das **Haus der Brauergilde**, eines der originellsten Gebäude aus unserem goldenen 16. Jahrhundert. Da das Wasser der Schelde versalzte, musste mithilfe eines Kanals Frischwasser aus einem kleinen Hinterlandfluss entnommen werden. Und weil die Brauereien über die ganze Stadt verstreut waren, führte dies zu einer Konzentration im selben Bezirk, damit die Kosten des Wasserverteilungssystems geteilt werden konnten. Von hier aus wurde mittels einer Pferde- **B** mühle mit Holzleitungen Wasser an die 16 Brauereien in den angrenzenden Straßen angedient. Dieses Stück Technik- und Wirtschaftsgeschichte blieb jahrzehntelang unzugänglich. Endlich wurde Geld für die Restaurierung gefunden. Hier und da in den Straßen kann ich noch das Tor einer solchen [verschwundenen] Brauerei erkennen.

Tor der ehemaligen Brauerei »Die Goldenen Sterne«

AM OBELISK-DENKMAL

Hier, am östlichsten Punkt der Schelde, bevor sie zurück westwärts zur Nordsee fließt, beschloss mein Freund Napoleon, einen Dockhafen für seine Marine zu bauen, von dem aus er die »bösen« Engländer angreifen wollte. Die verschwundene Schleuse ermöglichte es, das kleine Dock [das Bonapartedok] vor den Tiden zu schützen, was das Laden schwerer Geräte wie Kanonen erleichterte. Die Schifffahrt auf der Schelde war unter Napoleon frei, weil die Niederlande schließlich von seinem Bruder regiert wurden. Bonaparte gab deswegen auch ein weiteres Handelsdock [das Willemdok, in dem sich heute der Yachthafen befindet] in Auftrag. Nach dem Sturz Napoleons unterstützte König Willem I. der Niederlande weiterhin den Hafen von Antwerpen. Er war ein visionärer Unternehmer und brachte John Cockerill nach Belgien. Kein Wunder, dass die Antwerpener Unternehmer seine Wirtschaftspolitik begrüßten.

Obelisk-Denkmal für Napoleon, zwischen Bonaparte- und Willemdok

HANSAHAUS ODER »OOSTERS« HAUS

Wo jetzt das rotbraune moderne MAS-Gebäude steht, war einst das berühmte Hansahaus, auch »Oostershuis« genannt. Dieses quadratische Gebäude ist auf der Karte von Bononiensis noch immer deutlich zu erkennen. Antwerpen war kein Mitglied der Deutschen Hanse, hieß aber gerne deren Kaufleute willkommen. Im 16. Jahrhundert, als Antwerpen das Handelszentrum des Nordens schlechthin war, wurde der Sitz der Hanse von Brügge nach Antwerpen verlegt. Deutsche Händler bildeten hier damals die größte Ausländergruppe und konnten hier übernachten und ihre Waren lagern. Ende des 19. Jahrhunderts zerstörte ein Brand das Gebäude, das damals hauptsächlich als Getreidelager diente.

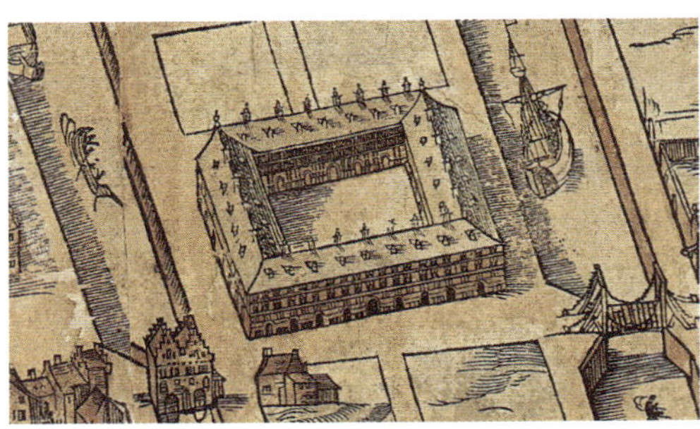

Das Hansahaus auf dem Plan von Bononiensis

DER HAFENPAVILLON

D

Als Hafenführer gehe ich oft in den **Hafenpavillon**, wo eine riesige Luftaufnahme den Interessenten einen Überblick über unseren Welthafen [Port of Antwerp Bruges] gibt. Viele Antwerpener sind sich nicht bewusst, dass dieser Hafen mit einer Fläche von 120 Quadratkilometern anderthalbmal so groß ist wie ihre Stadt.

Das Bonapartedok mit dem MAS

DAS MUSEUM AM STROM [MAS]

E

Das alte Hafenviertel war lange Zeit eine No-go-Zone, es sei denn, man war auf der Suche nach Drogen. Der Handelshafen war weiter nach Norden gezogen, das Viertel verfiel. Mit dem Bau vom **MAS** erlebte das alte Hafenviertel eine Metamorphose zu einer trendigen Wohngegend. Das neue Museum, vor allem von lokaler Bedeutung, war ein Volltreffer. Nach einem Jahr brüstete sich die Stadt damit, dass bereits eine Million Besucher gezählt wurden. Wenn es um öffentliche Kommunikation geht, muss man sich vor allem fragen, was nicht gesagt wird. Es stellte sich heraus, dass eine Million Menschen das Gebäude [und nicht das Museum] besucht hatten.

Die Altstadt, gesehen vom MAS

Dieses frei zugängliche Gebäude hat zu Recht einen Platz im Herzen jedes Antwerpener Einwohners erobert.[11] Besonders bei Sonnenuntergang genieße ich den Panoramablick vom Dach. Wo Stadt, Fluss und Hafen zusammenkommen, ist die Seele Antwerpens nicht weit weg. Damit jeder den 360°-Blick genießen kann, plante der Architekt zunächst ein Obergeschoss mit einer für jedermann zugänglichen Gaststätte. Doch obwohl dieses ikonische Gebäude auch mit Steuergeldern errichtet wurde, meinte die

Hafenverwaltung – die Hauptsponsor ist –, dass in die oberste Etage ein exklusives Spitzenrestaurant kommen sollte. Daher wurde beschlossen, das Dach öffentlich zugänglich zu machen für den einfachen Mann. Erklärt das, warum es keine Rolltreppe vom obersten Stockwerk zum Dach gibt? Der ausschließlich aus Zementfliesen bestehende Boden steht zudem im Kontrast zum rotbraunen Fassadennaturstein aus Nordindien. Berliner werden diesen Stein von der indischen Botschaft in der Nähe des Großen Tiergartens her kennen.

Dead Skull

DEAD SKULL ODER SCHÄDEL

Im 19. Jahrhundert wurde vor der Kathedrale ein Gedenkstein für Quinten Metsys aufgestellt, der allgemein als Begründer der Antwerpener Malerschule gilt. Der Antwerpener Künstler Luc Tuymans hatte einst ein Gemälde dieses Gedenksteins angefertigt. Als das MAS gebaut wurde, schuf derselbe Künstler erneut eine Steinversion seines eigenen Gemäldes, allerdings als riesiges **Mosaik auf der Terrasse** vor dem MAS. Nur der aufmerksame Betrachter wird dieses Mosaik von der sechsten Etage herab entdecken. Mit dieser indirekten Ode an Metsys [und an sich selbst] zeigt

F

Tuymans, dass er in der langen Tradition der Antwerpener Malerschule steht.

Gebäude des Hafendienstes an der Nassaubrücke

KLEINES JUGENDSTILGEBÄUDE VERHINDERT SHOPPINGZENTRUM

Die ersten Renovierungspläne für dieses Viertel stammen aus den 1990ern im Vorfeld des Jahres, in dem Antwerpen zur Kulturhauptstadt wurde. Das kleine **Jugendstilgebäude** [des ehemaligen Hafendienstes] wurde von einem mutigen Stadtrat, der sich dem Druck der Betonbauer widersetzte, unter Denkmalschutz gestellt, sodass in unmittelbarer Nähe keine kommerziellen Lagerhallen mehr errichtet werden durften. Dadurch konnte verhindert werden, dass dieses Viertel von Parkhäusern und Einkaufszentren eingenommen wurde. G

RIJNKAAI

Entlang dieses Scheldekais – der hier komischerweise Rijnkaai [Rheinkai] genannt wird – ist auf den alten Schienen eine wunderschöne **historische** Reihe von **Hafenkränen** installiert. H

Ausschnitt aus dem Plan von Bononiensis

NEUSTADT UND »KLEINE INSEL«

Auf Bononiensis' Plan kann der aufmerksame Betrachter deutlich erkennen, dass es sich bei dem [heute] alten Hafenviertel einst um eine völlig neue Stadterweiterung handelte. Die Stadtmauer wurde weiter nördlich [rechts auf der alten Karte] errichtet, um dem Bevölkerungswachstum und der zunehmenden Handelsaktivität Rechnung zu tragen. Einem klugen Unternehmer wurde vom Stadtrat die Möglichkeit gegeben, dieses Viertel zu entwickeln. Im rechten Winkel zur Schelde wurden Kanäle gegraben, wodurch eine Art Binnenhafen entstand. Das Hansahaus und die Straßen der Brauereien sind auf dem alten Plan bereits fertig. Im Gegensatz zur Innenstadt sind die Grundstücke in der »Neustadt« noch weitgehend unbebaut. In diesem Hafen- und Industriegebiet ›avant la lettre‹ gab es natürlich weder Kirche noch Kloster.

Anhand der alten Karte kann man deutlich erkennen, wie diese beiden heutigen Docks 300 Jahre später auf beiden Seiten des Hansahauses zwischen den bestehenden Kanälen gegraben wurden. Weitere 150 Jahre später waren diese Docks für Seeschiffe bereits zu klein geworden, sodass der Hafenbetrieb hier zum Erliegen kam. Jahrzehntelang blieb das alte Hafengebiet vernachlässigt. Bis sich die Stadt nach 20 Jahren des Zögerns dazu entschloss, in dieses Viertel zu investieren. Bald folgte der Privatsektor, und dieser Bezirk entwickelte sich zu einer angesagten Wohngegend. Saint-Tropez an der Schelde.

Das Kattendijkdok, gesehen vom Hafenhaus

Dieses Viertel wird »Het Eilandje« [die kleine Insel] genannt, weil es vollständig von Wasser umgeben war: Docks, Schleusen und Schelde. Hier gab es hauptsächlich Stapel und Kais, aber weder eine Kirche noch einen Marktplatz. Dagegen gab es manche Cafés, in denen die Hafenarbeiter ihr Geld schnell wieder verloren.

Dieses neue Viertel ist ein typisches Beispiel für Gentrifizierung. In den letzten 25 Jahren haben Hochhäuser die Gegend erobert. In den teureren Wohnungen und Lofts sehe ich im Winter jedoch kaum Licht brennen. Eine Gemeinschaft mit einer Seele entsteht nicht auf Befehl von Architekten oder Stadtplanern.

Dennoch hat das Bummeln im alten Hafenviertel für mich immer etwas Abenteuerliches und Nostalgisches zugleich. Auch wenn in den alten Docks keine Frachtschiffe mehr liegen, lockt das Wasser mit fernen Zielen und wehmütigen oder spannenden Seemannsgeschichten. Die Straßennamen im alten Hafen – von Montevideostraße bis Sibirienbrücke – lassen einen von fernen Zielen träumen. Der Antwerpener versteht sich gerne als Kosmopolit. Ein Bürgermeister sagte einmal: Wenn ein Antwerpener seinen Finger in die Schelde steckt, ist er mit der ganzen Welt verbunden. Man braucht dafür nicht unter dem Eiffelturm zu stehen.

WILLEM ELSSCHOT

Wenn ich durch das alte Hafenviertel spaziere, denke ich immer an »Het dwaallicht« [Das Irrlicht] unseres gefeierten Antwerpener Schriftstellers Willem Elsschot. In diesem Kurzroman machen sich drei Seeleute aus einem fernen Land spät in der Nacht auf die Suche nach einer gewissen Maria, dabei unterstützt von einem Antwerpener Büroangestellten. Das Buch wurde ins Deutsche übersetzt und heißt »Maria in der Hafenkneipe«.

Für mich gehört sein Werk zur Spitze der niederländischen Literatur der Zwischenkriegszeit. Er studierte wie ich Wirtschaftswissenschaften und gründete eine Werbeagentur. Dass ein Marketing- und Werbemann spricht, merkt man auch an seinem präzisen und flotten Stil. Seine leicht lesbaren Romane enthalten zahlreiche autobiografische Elemente und spielen meist in Antwerpen. Die damalige Seele von Antwerpen wandert durch seine Romane.

Auswanderung mit der Reederei »Red Star Line«

DIE »RED STAR LINE«

Ich betrete die roten Backsteingebäude der **»Red Star Line«**. Diese Reederei brachte etwa zwei Millionen europäische Migranten nach Amerika. Einer der letzten Passagiere war Albert Einstein, der 1933 nach der Machtübernahme der Nazis seinen deutschen Reisepass prompt bei der Botschaft in Brüssel zurückgab.

Dieses Museum verfügt auch über eine frei zugängliche Aussichtsplattform [Zugang über Treppe oder Aufzug]. Über den Backsteingebäuden thront ein moderner Betonbau in Form eines Schiffsbugs, der nicht zufällig nach Westen zeigt, zur ›brave new world‹, dem gelobten Land der Auswanderer.

Ich habe einmal in den Daten des RSL-Museums nachgeschaut, wann und mit welchem Schiff dieser ehemaligen amerikanisch-belgischen Reederei ein Verwandter meiner Frau eine Reise nach New York [und zurück] unternahm. Der Grund war eine Postkarte, die irgendwo in einer Schublade gefunden wurde.

Postkarte der »S.S. Zeeland« der »Red Star Line«

TROCKENDOCKS UND STUDENTENZEIT

J

Ich möchte mich jetzt an einem der schönsten Orte in Antwerpen ausruhen: dem **»Droogdokkenpark«**. Der Schiffbau ist längst in Billiglohnländer abgewandert. Trotzdem braucht jeder Welthafen für dringende Eingriffe ein Schiffsreparaturunternehmen. Als Wirtschaftsstudent habe ich mal in der Verwaltung einer solchen ›Shiprepair‹ gearbeitet. Damals konnte man noch im Trockendock unter einem Schiff stehen. Was für eine Erfahrung. Meine Leidenschaft für den Hafen reicht bis in meine Studienzeit zurück. Ich war in einem internationalen Verband von Wirtschaftsstudenten aktiv, der Sommerpraktika für ausländische Studenten organisierte. Tagelang bin ich mit dem Moped durch das riesige Hafengelände gefahren, um bei Personalleitern Praktika zu ergattern.

Hier, in der Schleife der Schelde, wurde die Kailandschaft mit gutem Geschmack neu gestaltet. Um die Skyline meiner Stadt zu betrachten, muss ich nicht einmal zum anderen Ufer hinüber.

Die Skyline von Antwerpen, gesehen vom Trockendock-park

HAFENHAUS

In diesem alten Hafengebiet mit den historischen Trockendocks erhält Antwerpens maritime Vergangenheit in der Zukunft einen Platz. Über den Docks ragt **Zaha Hadids Hafenhaus** empor: das Bürogebäude der städtischen Hafenverwaltung. An der Grenze zwischen altem und modernem Handelshafen sieht es aus wie ein Schiff auf dem Weg nach Antwerpen. Möglicherweise sehen Sie darin auch einen Diamanten. Dies war das letzte Projekt der verstorbenen irakisch-englischen Architektin. Über der ehemaligen Feuerwache [dem Altbau] wurde ein moderner asymmetrischer Baukörper auf Betonsockeln platziert. Was mich an diesem Gebäude reizt, ist die Interaktion zwischen Gebäude und Umgebung und die sich aufgrund der dekonstruktivistischen Gestaltung ständig verändernde Perspektive.

Hafenhaus Zaha Hadid, Spiegelpalast

Das Hafenhaus bei Nacht

Da es teilweise mit Spiegelglas bedeckt ist, wird die sich jeweils verändernde Umgebung darauf projiziert. Als ich an einem dunklen nebligen Winterabend dort ankam, schien es, als ob E. T. gerade in Antwerpen gelandet war.[12]

IN ANTWERPEN SCHEINT DIE SONNE SOGAR IM NORDEN

Das ehemalige Pumphaus diente dazu, Trockendocks auszupumpen. Es gab Pläne, an der Nordseite dieser Anlage ein Viadukt zu bauen. Prompt protestierte der dort ansässige Restaurantbetreiber gegen die Pläne, mit der Begründung, dass der Schatten des Viadukts auf sein Restaurant fallen würde. Dies beweist, dass in Antwerpen die Sonne tagsüber auch im Norden stehen kann. Inzwischen wurde der Plan einer Brücke durch einen Tunnel ersetzt. Aufgrund der riesigen Baustelle, die dafür neben dem Pumphaus errichtet wurde, ist das Restaurant nun ‚mit der Nordsonne abgereist'. Dieses niedrländische Sprichwort bedeutet so viel wie »bei Nacht und Nebel verschwunden«.

SANKT JOSEPH

L

Ich fahre nun mit der Straßenbahn vom Hafenhaus zurück zur Londenstraße [Haltestelle Londen]. Kurz vor der Mexiko-Brücke befindet sich auf der linken Seite das **Kirchenschiff** Sankt Joseph. Das Schiff wurde während des Krieges in Rotterdam zur Versorgung deutscher U-Boote gebaut. Um den magnetischen Minen zu entgehen, wurde das Schiff daher nicht aus Stahl, sondern aus Beton gebaut. Der Krieg war zu Ende, das Schiff wurde unvollendet nach Antwerpen geschleppt, um den Schiffern als Pfarrkirche zu dienen.

M

DER KAMPF UM DIE HAFENARBEITER

An der **Straßenbahnhaltestelle** stehen praktisch einander gegenüber zwei Gebäude, die den Hafenarbeitern Unterschlupf bieten sollten. Hafenarbeiter waren Tagelöhner und mussten sich jeden Morgen melden, um von einem Werkmeister eingestellt zu werden. Wenn an diesem Tag [oder nach der Arbeit] nicht gearbeitet wurde, waren die Hafencafés voll. Um den Arbeitern ein Dach über dem Kopf zu geben [und sie so vom Schnaps fernzuhalten], wurde ein [für die Katholiken damals so charakteristisches neugotisches] Gebäude errichtet. Die Liberalen wollten im Kampf um den Arbeiter nicht zurückstehen und eröffneten ein eigenes Schutzheim in einer Art von Jugendstil fast direkt gegenüber den Katholiken.

Fußgänger- und Fahrradbrücke zum Park Spoor Noord

PARK SPOOR NOORD

Von der [Fahrrad-]Brücke über der stark befahrenen Verkehrsachse kann ich den Park Spoor Noord etwas überblicken. Wohntürme, ein Universitätscampus, ein riesiger Krankenhauskomplex usw. entstanden hier auf dem Gelände, auf dem sich einst ein riesiger Güterbahnhof mit Lagerhallen für die Wartung des rollenden Materials befand, wie dies so schön genannt wird. Mit diesem geräumigen Entspannungspark mit Skaterampen, Sporthallen und Spielgeräten wurde versucht, der sehr vielfältigen Bevölkerung, die hier in Antwerpen-Nord lebt, etwas Grünfläche zu bieten. Das angrenzende Viertel ist noch immer das Viertel, in dem die weniger wohlhabenden sozialen Klassen leben. Abseits des Gewühls kann ich im Sommer im Strandstuhl einen Snack und ein Getränk genießen und die Füße in das Wasser der Brunnen der »Zomerbar Noord« halten. Alle Kulturen treffen sich hier.

Sommerbar Nord

Ich kehre zum Willemdok zurück. Mit den unzähligen Restaurants und dem Yachthafen sieht es hier bei schönem Wetter aus wie Saint-Tropez an der Schelde. Ich habe ein wenig gesegelt und natürlich von einem eigenen Boot geträumt. Obwohl ich kein Geld dafür hatte, war der Name schnell gefunden: »Cash Flow« wäre der Name gewesen. Nichts ist so erholsam wie auf einer Bank in der Sonne über vergangene Segelfahrten oder die Seele dieser Stadt zu sinnieren.

Als ich einen meiner Brüder, der seit Jahrzehnten in Frankreich lebt, fragte, was seiner Meinung nach die Seele seiner Heimatstadt sei, antwortete er, ohne zu zögern, dass es der Hafen sei. Darin steckt viel Wahres. In der Vergangenheit war der Hafenbetrieb in den Kanälen [den wir ›Ruien‹ oder ›Vlieten‹ nennen] und an den Kais in der Nähe der Burg das schlagende Herz und die Seele unserer Stadt. Unter dem Druck der harten Wirtschaftsgesetze driften Stadt und Hafen immer weiter auseinander, und die Romantik des Lebens und Arbeitens rund um den alten Hafen ist dem individuellen Wohnen am Wasser gewichen.

Kran im »Felix Pakhuis«

FELIX LAGERHALLE

Bevor ich das Felix Packhaus betrete, schaue ich noch einmal in die Ferne auf das Hafenhaus von Zaha Hadid. Von hier aus sieht es eher wie ein ›Phallus impudicus‹-Pilz aus als wie ein Schiff, das in den sicheren Hafen fährt.

N

Die warme Farbe der roten Backsteine an der Fassade des **»Felix Pakhuis«** inspirierte den Architekten des MAS, rotbraunen Naturstein als Material für die Fassadenverkleidung des Museums zu verwenden. Darüber hinaus spiegelt das Museum als Lager für Objekte und Erinnerungen die Funktion solcher Lagerhallen für Baumwolle und Kaffee wider.

Die Unterbringung des Stadtarchivs im »Felix Pakhuis« war zusammen mit dem MAS der große Impuls für das alte Hafenviertel. Die Stadt war auf der Suche nach einem neuen Standort für ihr Archiv und hat dieses alte Lagerhaus zu diesem Zweck umfunktioniert. Clever, denn die enorme Menge an Regalen wiegt doch ein wenig, und dieses Gebäude wurde besonders für schwere Lasten gebaut. Schauen Sie sich nur den Wald von Stützen aus Gusseisen und Holz an.

Ich überquere diesen breiten Boulevard. Unter meinen Füßen befindet sich ein Autotunnel zum linken

Ufer. Dieser Tunnel wurde im Bett des Kanals gebaut, der bei der Erweiterung der Neustadt im 16. Jahrhundert etwas außerhalb der Altstadt gegraben wurde [siehe Karte]. Private Investoren wandelten die alten Lagerhäuser in Wohnungen und Lofts für die wohlhabenden und pensionierten Antwerpener Babyboomer um.

Restaurant »De Lokeend«

Die Stadt selber hat sich sehr bemüht, dieses damals ziemlich heruntergekommene Viertel aufzuwerten, nicht nur entlang der alten Docks, wo sich die wohlhabendere Mittelschicht und jüngere Wohlverdiener niederlassen, sondern auch in diesem Viertel weiter weg von den Docks. Das Prostituiertenviertel wurde auf nur drei Straßen reduziert. Gebäude in schlechtem Zustand wurden aufgekauft, saniert und als Sozialwohnungen vermarktet. Diese auf Menschen zugeschnittenen Kleinprojekte werten jetzt das Viertel auf. Der Platz in der Nähe der Prostitutionszone, der unter anderem deshalb »Der Rote Platz« genannt wurde, weil hier russische oder georgische Schwindler versuchten, gestohlene oder gefälschte Waren zu verkaufen, wurde komplett neu gestaltet.

Armenhaus

ARMENHAUS »VAN DER BIEST«

O Ein Beispiel für den Aufschwung dieses Viertels ist das **Armenhaus »Van der Biest«**. Es war einst ein Stift, ein Zufluchtsort für arme Frauen, sehr ähnlich einem Beginenhof mit einer Bleichwiese in der Mitte. Heute wird es als Tagesstätte für psychisch gefährdete Menschen genutzt, die mithilfe des betreuten Wohnens versuchen, ihren Platz in der Gesellschaft zu finden. Tagsüber können Sie ruhig in den Innenhof gehen. Der Kontakt mit diesen Menschen auf der Suche nach ihrer Seele ist ungefährlich. An manchen Tagen öffnen sie auch das Café am Eingang.

Das »Hessenhaus«

»HESSENHAUS«

Da die Städte aus **Hessen** und Süddeutschland nicht Mitglieder der Hanse waren, verfügten sie hier über ein eigenes **Lagerhaus** mit Unterkunft. Heute befindet sich hier die »Embassy of Freedom«, ein Ort, an dem alle Geschlechter-Varianten willkommen sind [aber erst nach 17 Uhr].

Rund um die beiden alten Docks und in den angrenzenden Straßen haben sich zahlreiche Restaurants und Bars angesiedelt. Nachfolgend finden Sie einige Beispiele. Die Ziffer in Klammern finden Sie im Plan.

[1] Vis van A [Fischrestaurant]
[2] Nome [Restaurant]
[3] 't Licht der Dokken [Hafencafé]
[4] De Lokeend [Restaurant für Gruppen]
[5] Batavier [ehemalige Hafenkneipe]

Siebter Spaziergang
200 M
Schelde
N
M HKA
M
Waalse Kaai
Vlaamse
FoMu
Gillisplaats
L
K
3.
Lamber
plaat
Jan van Gentstraat
J
Nieuw Zuid
(Neu Süd Viertel)
Schmetterlingspalast

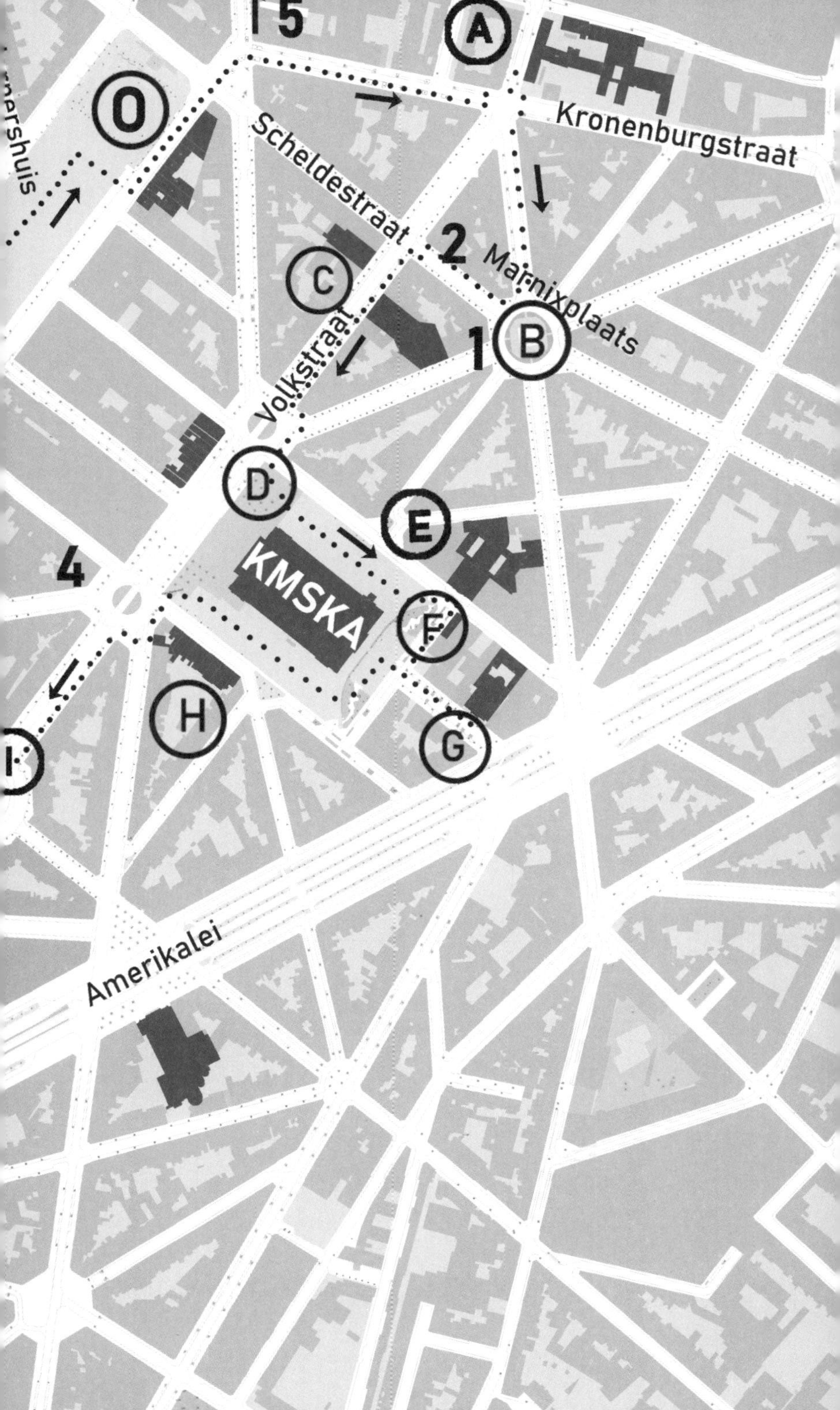

5
A
O
Kronenburgstraat
Scheldestraat
2
Marnixplaats
C
1
B
Volkstraat
D
E
4
KMSKA
F
H
G
Amerikalei

SPAZIERGANG VII:

DAS SÜDVIERTEL

Marnixplatz – Volkshaus – Kunstmuseum [KMSKA] – Synagoge – Jugendstil – Schmetterlingspalast – Südpark – Gegenwarts- und Fotomuseum

In gewisser Weise ist das trendige, hippe Südviertel das Gegenstück zum nördlichen Stadtteil »Het Eilandje«, zu dem ich meinen vorigen Spaziergang gemacht habe. Während auf dem »Eilandje« – das eher ein Hafenviertel als ein Wohngebiet war – in den letzten 25 Jahren hauptsächlich ehemalige Lagerhallen in Wohnungen und Lofts umgewandelt wurden oder Platz machten für moderne Wohntürme, sind in dem Südviertel – das in den Jahrzehnten um 1900 erbaut wurde – der Straßenplan sowie ein Großteil der Gebäude erhalten geblieben.

Hier leben hauptsächlich die weiße gebildete Mittelklasse und weniger Arbeiter oder Migranten.

TROPENMEDIZIN

A Für meinen letzten Spaziergang starte ich am **Institut für Tropenmedizin** [an der gleichnamigen Straßenbahnhaltestelle], das sich zwischen der mittelalterlichen Stadt und dem Südviertel befindet. Es ist kein Zufall, dass sich dieses weltbekannte Forschungs- und Bildungszentrum für Tropenkrankheiten in Antwerpen befindet. Reisende aus dem Kongo brachten Malaria und andere Krankheiten mit. Das Gebäude selbst ist ein Juwel des Art déco, das sich durch strenge Geometrie und höchste Qualität der Materialien auszeichnet. Ich liebe diesen eleganten, extravaganten

Luxus-Look mit detaillierter, aber nicht übermäßiger Dekoration.

MARNIXPLEIN

Vor 1900 wurden hauptsächlich in den Straßen rund
um den **Marnixplein** neoklassizistische Mehrfamilien- B
häuser oder Mietshäuser gebaut, oft mit einem Laden
im Erdgeschoss. Leider wurden viele Schaufenster aus
Holz mittlerweile durch moderne Großvitrinen ersetzt.
Erst beim Blick in die oberen Stockwerke fallen die
weiß verputzten Fassaden der Kleinbürgerhäuser auf.

In der Mitte des Platzes steht ein pompöses Denkmal, gekrönt von Neptun. Es wurde hier 20 Jahre nach
der Abschaffung der Maut auf der Schelde aufgestellt. Dieser Platz zieht mit seinen Cafés und Restaurants viele Einheimische an. Es wird dort oft spät und 1
laut ... Hier findet man die belebte **»Fiskebar«** [Fisch-
restaurant]. Ich gönne mir gerne einen Kaffee beim
»Cosimo«, eine angenehme Kombination von Klein- 2
verlag, Buchhandlung und Kaffeebar.

Ich laufe jetzt die Volkstraat entlang. Über Jahrhunderte hinweg stand dort, wo jetzt das Südviertel ist, die von den Antwerpenern verhasste Zitadelle aus dem 16. Jahrhundert, von der aus die Spanier die Stadt unter Kontrolle hielten und plünderten. Der deutsche Eisenbahnmagnat und Projektentwickler Strousberg kaufte die Zitadelle um 1870 vom belgischen Staat. Der Vertrag sah vor, die Zitadelle abzureißen und Platz für ein Wohngebiet, Docks und einen Bahnhof zu schaffen. Strousberg konnte dies nicht einhalten, und schließlich war die Stadt Antwerpen ab 1875 zusammen mit einer Immobiliengesellschaft gezwungen, das Gelände der ehemaligen Zitadelle selber zu parzellieren und zu verkaufen. Oh Ironie, denn der

Stadtrat war damals sehr liberal und hätte dies lieber [befreundeten] privaten Baupromotoren und Spekulanten überlassen.

Das liberale Volkshaus »Help u zelve«

LIBERAL VERSUS KATHOLISCH

C

Das Jugendstilhaus [um 1903], in dem sich heute eine Steiner-Schule befindet, war ein typisches liberales **»Volkshaus«** mit dem passenden ideologischen Namen »Hilf dir selbst« [und warte nicht auf die Sozialkasse]. Auf der Fassade wird die Arbeit in Form verschiedener Berufe symbolisiert.

Kirchen und katholische Schulen waren vom liberalen Stadtrat im neuen Viertel nicht vorgesehen, weil sie die Katholiken nicht mitten in »ihrem« Viertel haben wollten. Ein Jahr nachdem die Liberalen die Genehmigung für ihr Volkshaus erhalten hatten, bekamen die Katholiken die Genehmigung, gegenüber dem liberalen Volkshaus eine kleine Kirche bauen zu dürfen. Diese wurde in der Zwischenkriegszeit durch die modernistische Walburgiskirche ersetzt.

WENN DIE STADT SELBST ZUM PROJEKTENTWICKLER WIRD

Das neue Wohngebiet wurde großflächig mit breiten Straßen und sternförmigen Plätzen gestaltet, um zahlungskräftige Käufer anzulocken. Das kann ich immer noch deutlich erkennen, wenn ich den Straßenplan rund um das Museum studiere. Die Umrisse der riesigen Zitadelle sind im unten stehenden Parzellierungsplan blau markiert. Auf der Karte befinden wir uns nun etwas unterhalb der Nummer VIII: das [geplante] Museum fast mitten in der ehemaligen Zitadelle.

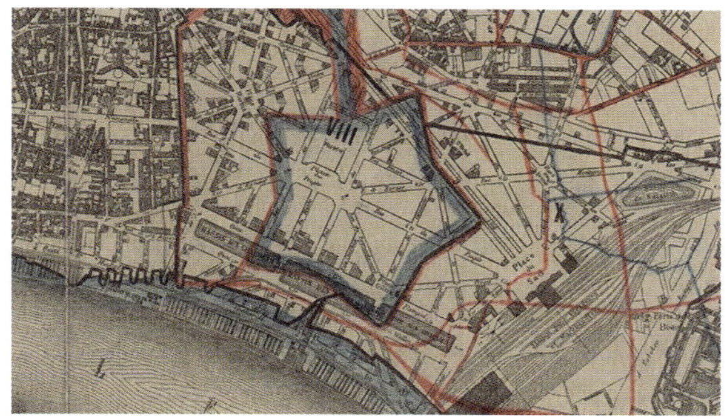

Parzellierungsplan Südviertel

In den ersten 15 bis 20 Jahren waren private Käufer kaum an den relativ teuren Baugrundstücken interessiert. Durch den Abriss der Stadtmauern etwa zehn Jahre zuvor hatte sich das Stadtgebiet – und damit auch das Angebot an Bauland – enorm vergrößert. Die Gesellschaft, die die Parzelle realisieren musste, begann daraufhin, in den an die Altstadt angrenzenden Straßen um den Marnixplatz selbst Mietwohnungen zu bauen.

Um diesen breiten zentralen Boulevard [die Volksstraße] mit einer langen Sichtachse von der mittelalterlichen Stadt ins Südviertel zu schaffen, wurde in der Altstadt eine Gasse verbreitert. Viele Arbeiterhäuser wurden dafür abgerissen, so auch in anderen Vierteln entlang der Schelde, um breitere Kais für den Hafenbetrieb zu ermöglichen. Die Bewohner dieser »sanierten« Viertel wurden die ersten Mieter im Südviertel. Sie waren also nicht die wohlhabenderen Bürger, die die Gesellschaft ursprünglich im Sinn hatte, sondern die unteren Klassen, die vertrieben worden waren und eine Spur unbezahlter Rechnungen hinterließen.

WELTAUSSTELLUNGEN MIT KOLONIALSCHAU

Das Viertel blieb lange eine gigantische Wüste. Es war sogar möglich, dort noch zwei Weltausstellungen zu organisieren. Die erste Weltausstellung fand hier 1885 statt, als König Leopold II. 20 Jahre auf dem Thron saß, gerade den Freistaat Kongo als Privatbesitz erworben hatte und die benachbarten Süd-Docks offiziell eröffnet wurden.

Der Kunsttempel, das Königliche Museum der schönen Künste Antwerpen [KMSKA]

Glücklicherweise hatte sich die Stadt für den Bau eines Kunstmuseums im neuen Stadtteil entschieden. Anstelle einer Kirche in der Mitte des Viertels gab es jetzt einen Kunsttempel. Es mag deutlich sein, dass sich die Architekten von den damaligen deutschen Kunstmuseen inspirieren ließen.

FLÄMISCHER KUNSTTEMPEL …

Im September 2022 wurde endlich nach elf Jahren Renovierungs- und Erweiterungsarbeiten unser Kunsttempel [KMSKA] wiedereröffnet. Durch die Erweiterung um einen modernen Teil innerhalb des bestehenden alten Museums konnte die ständige Sammlung in »Alte Meister« und »Moderne« unterteilt werden. Als Ergebnis werden dem Besucher zwei bewusst gegensätzliche Museen präsentiert. Schon vor der Wiedereröffnung wurde der überraschenden Architektur viel mediale Aufmerksamkeit geschenkt. Dadurch wurde meiner Meinung nach zu wenig auf die hochwertige Sammlung selbst geachtet.

… MIT BELGISCHEM HUMOR

Vor der Eröffnung wurde ich gebeten, französischen Journalisten das Museum zu zeigen. Die seriöse Zeitung »Le Monde« widmete dem Museum einen Artikel, dessen erster Satz etwa so lautete: »Belgischer Humor wird allgemein geschätzt.« Grund für diesen Kommentar war ein absichtlich schief aufgehängtes Gemälde. Weil ein in dem Genrebild zu sehender betrunkener Mann von seinem Hocker gerutscht war und daher alles schief sah, wurde auch das Gemälde schief aufgehängt. So sah der Betrunkene alles wieder gerade. Es dauerte aber eine Weile, bis unsere französischen Freunde dieses Augenzwinkern verstanden.

Mit der Einweihung des Museums im Jahr 1890 siedelten sich schließlich auch die ersten wohlhabenderen

Bürger in diesem Viertel an. Wie vorher bei der ersten Weltausstellung wurden während der zweiten Weltausstellung von 1894 Kongolesen in einem nachgebauten Dorf vor dem neu eröffneten Museum »ausgestellt«. Sieben von ihnen starben im menschlichen Zoo an Atemwegsinfektionen oder Lungenentzündung.

Um 1900 kam es schließlich zu einer rascheren Bebauung des Viertels, sodass in der Belle Époque viele Reihen recht einheitlicher, neoklassizistischer, weiß verputzter bürgerlicher Belétagehäuser oder Mietshäuser entstanden. Darüber hinaus wurden rund um das Museum zahlreiche markante, prunkvolle Wohnhäuser und öffentliche Gebäude errichtet, wie zum Beispiel eine Serie Bürgerhäuser im eklektischen Stil aus der Zeit um 1900.

DIE ERSTE V-BOMBE

D Die **erste V-Bombe** auf Antwerpen fiel auf die Ecke der Schildersstraat [Malerstraße]. Es folgten noch viele V-Bomben, die die »befreite« Bevölkerung terrorisierten, wie das Denkmal zeigt. Die damalige Zerstörung ist noch deutlich an der banalen Nachkriegsbebauung am Anfang der Straße zu erkennen. Nach dem Krieg wurde – mitten im Kalten Krieg – in den Kellern des Kunstmuseums ein Atombunker errichtet, um dort die Kunstschätze im Notfall sicher aufzubewahren. Nach dem Fall der Mauer und dem Zerfall der Sowjetunion wurde der Bunker – so glaubte man – nicht mehr benötigt und im Zuge der Renovierung des Museums entfernt. War das verfrüht?

HÖHERES HANDELSINSTITUT

Staat und Stadt beherbergten hier ab 1897 die nationale Hochschule für Handelsstudien, die von vielen deutschen Studenten besucht wurde, da der Hafen von Antwerpen zunehmend von deutschen Händlern genutzt wurde und sich daher viele Deutsche in Antwerpen niedergelassen hatten. Auf der Fassade dieses Gebäudes finde ich nicht nur die typischen Antwerpener Symbole – wie die Attribute von Merkur, dem Gott des Handels, die Antwerpener Händchen, die Schifffahrt und die Kontinente –, sondern auch über dem Eingang den Stern des Freistaates Kongo. Um diese Zeit wird die Biene oft als Symbol für Fleiß und Sparsamkeit verwendet und symbolisiert daher indirekt Banken und Sparkassen – das Kapital –, ohne das koloniale Unternehmen, Handel und Industrie nicht finanziert werden konnten.

Die wirtschaftliche Dreifaltigkeit: das Kapital [die Biene oben], Merkur [der Handel in der Mitte] und die Industrie [das Zahnrad im Hintergrund]

Das »Boot«

»BOOT« UND BEUYS

F

Hier, hinter dem ehrwürdigen Tempel der klassischen Künste, in diesem **Jugendstilgebäude**, das aus offensichtlichen Gründen das **»Boot«** genannt wird, befand sich etwa zehn Jahre lang die Wide White Space Gallery. Diese wurde von Bernd Lohaus [einem Schüler von Joseph Beuys] und seiner Antwerpener Frau gegründet, um zeitgenössischer und avantgardistischer Kunst ein Zuhause zu geben als Gegengewicht zur institutionalisierten Kunst des benachbarten Kunstmuseums. Joseph Beuys selber und Gerhard Richter erhielten ebenso wie Christo die Gelegenheit, hier auszustellen.

Die »holländische« Synagoge

DIE »HOLLÄNDISCHE« SYNAGOGE

Aufgrund der rasch wachsenden jüdischen Bevölkerung wurden mehr Gotteshäuser benötigt. Da zu Beginn noch keine Kirchen im Viertel geplant waren und der Verkauf der Grundstücke enttäuschend verlief, versuchte der liberale Stadtrat, durch Preisnachlässe sowohl Katholiken als auch Juden zur Errichtung eines Gebetshauses zu bewegen, in der Hoffnung, dass sich damit mehr Gläubige in ihrem Bezirk ansiedeln würden.

Blick in den Innenraum der Synagoge

G

Die Antwerpener nennen diese Synagoge **die »holländische« Synagoge**, weil niederländisch-jüdische Einwanderer, die bereits vor der umfassenden Einwanderung osteuropäischer Juden in Antwerpen lebten, der Überlieferung nach den Bau dieser Synagoge mitfinanziert haben. Heute ist sie eine der Synagogen der gemäßigten orthodoxen jüdischen Gemeinde, obwohl die jüdische Bevölkerung eher rund um den Stadtpark und den Bahnhof anzutreffen ist.

H

Das **Jugendstilhaus** Nummer 22 und eigentlich die gesamte darauffolgende Häuserreihe sind als Stadtansicht geschützt, da es ein gutes Beispiel dafür ist, wie wohlhabende Bürger repräsentative Häuser statt der eintönigen neoklassizistischen Standardhäuser rund um das Museum errichten ließen.

Jugendstil und Prunkhäuser

Wie der Marnixplein erfreuen sich auch die beiden Kreisel vor dem Museum großer Beliebtheit bei den Einheimischen. Hier trifft man auf eine Mischung aus gut verdienenden Yuppies, Doppelverdienern ohne Kinder, Snobs und Stammgästen. Hier an der Bar wandert ein Stück Antwerpener Seele umher: Auffallen, Prahlen und Meckern.

Ich setze meinen Weg zum nächsten Platz fort. Hier
1 steht das **Denkmal zu Ehren von Lambermont**, der belgische hohe Beamte, der die Verhandlungen mit den Niederlanden über den ewigen Abkauf der Maut für die Schifffahrt auf der Schelde erfolgreich abgeschlossen hat.

Ich esse gerne asiatisch und besuche daher mal
3 **»Win's Modern Asian Cuisine«**. Die sympathische Kellnerin [heißt sie vielleicht Win?] spricht hervorragend Antwerpener Dialekt. Das ist die exotische Seite unserer Seele.

KÖNIG AUTO

Bei der Erschließung dieses Viertels nach 1875 waren auch ein Personen- und ein Güterbahnhof geplant. Der Personenbahnhof wurde erst nach 25 Jahren gebaut und bereits 70 Jahre später für einen reibungslosen Autoverkehr von der Stadt zur Autobahn wieder abgerissen. Ich erinnere mich, dass ich 1969 zusammen mit allen anderen Antwerpener Schülern bei der Eröffnung des Schelde-Autobahntunnels durch dieses technische Wunderwerk spazieren durfte. Damals realisierte ich noch nicht, wie sehr das Auto in den goldenen 1960ern als Symbol für Fortschritt und Wohlstand verehrt wurde. Autobahnen, Tunnel und Parkplätze konnten nicht groß genug sein. Und wir kleinen Nachkriegsjungen durften dieses Wunder miterleben.

Der »Schmetterlingspalast« [Gerichtshof]

SIR RICHARD ROGERS

Wo einst dieser Personenbahnhof war, kam 2006 der neue Gerichtshof hin. Dieses [post-]moderne Gerichtsgebäude wurde **»Schmetterlingspalast«** genannt, was niemand verstand. Man müsste ihn mit einem Hubschrauber überfliegen, um zu sehen, dass es tat- J sächlich sechs Flügel gibt, obwohl Schmetterlinge nur vier Flügel haben.

Das bemerkenswerte Dach war den meisten Antwerpenern auch ein Rätsel. Der Architekt Richard Rogers musste erklären, dass diese kegelförmigen Objekte Segel darstellen sollen, da Antwerpen schließlich an der Schelde liegt. Wenig überraschend sprach man im Volksmund bald von den [umgedrehten] ›Frietzakken‹ [Pommestüten]. In Antwerpen ist nur das Beste gut genug, um unseren internationalen Ruf mit berühmten Architekten wie Zaha Hadid und Richard Rogers zu stärken.

NEU-SÜD

Hinter diesem Personenbahnhof befand sich auch ein großer Güterbahnhof, der sich bis zur Schelde erstreckte. Das Gebäude des Güterbahnhofs ist erhalten geblieben und dient als Sitz einer Vermögensbank [Bank van Breda]. Wenn Sie in der Gegend sind [während der Bürozeiten], sollten Sie unbedingt die Eingangshalle mit den alten Kassen betreten.

Dieses Gebäude ist alles, was von der ehemaligen Eisenbahntätigkeit übrig geblieben ist. Um es herum ist in den letzten 15 Jahren ein hypermodernes Wohngebiet entstanden, das nach den neuesten städtebaulichen Erkenntnissen im Bereich Nachhaltigkeit, Energieeffizienz und Begrünung gebaut wurde. Dieses angesagte und moderne Viertel mit dem wenig kreativen Namen »Nieuw Zuid« [Neu-Süd] liegt nur wenige Fahrradminuten vom Zentrum entfernt, in der Nähe der Fußgängerpromenade entlang der Schelde. Die Elektro-Klappräder, Fitnessclubs, trendigen Kaffeebars und Designläden sagen mir, dass hier vor allem junge, gut verdienende Singles und Paare wohnen. Ich sehe hier selten Schilder mit der Aufschrift »zu vermieten« oder »zu verkaufen«. Vielleicht ist das verboten, um das Image des »Nieuw Zuid«-Bezirks aufrechtzuerhalten? So sind die Wohntürme mit den blasierten Namen »Scheldehof«, »Palazzo Verde« und »Schelde 21« mit Blick auf die Schelde eher wohlhabenden »jungen aktiven Senioren« vorbehalten.

Um dem Vorwurf der Gentrifizierung entgegenzuwirken, wurde eine Wohnanlage dem sozialen Wohnungsbau vorbehalten. Bei schönem Wetter sind aus den Wohnungen vielsprachige Stimmen zu hören. Um Familien mit Kindern anzulocken, wurde eine Grundschule gebaut, die vor ihrer Fertigstellung einstürzte. Dabei starben fünf ausländische Gastarbeiter.

Wer sich für zeitgenössische Kunst interessiert, findet hier einige bekannte Galerien.

DOCKS, PARKPLATZ, PARK

Es ist schwer, sich vorzustellen, dass hier schon 1875 drei **Docks für die Binnenschifffahrt** gebaut wurden. Die Docks wurden im Jahr 1969 nach weniger als einem Jahrhundert wieder zugeschüttet. An deren Stelle kam eine riesige, kahle Kopfsteinpflasterebene, die dann den Ehrentitel »Parkplatz« erhielt. Einmal im Jahr wurden jedoch die Autos vertrieben, um sechs Wochen lang die »Sinksenfoor« [Pfingstjahrmarkt] abzuhalten: eine riesige Kirmes, die auch wir nach unseren Schulprüfungen besuchten. Dort habe ich von meiner Antwerpener Oma die ›Smoutebollen‹ kennengelernt. Dies sind Teichkugeln, in Schmalz [= ›Smout‹] gebacken. **K**

Die alten Süd-Docks, links das »Pakhuis Vlaanderen« [heute das Fotomuseum FOMU]

WASSERTOR

L

Dieses alte Stadttor – ein **Wassertor** – stand einst am Ufer der Schelde und wurde nach einem Entwurf von Rubens erbaut. Da es mehrmals wegen diverser Bauprojekte im Weg stand, wurde es jeweils an einem anderen Ort wiederaufgebaut, weshalb es von den Stadtführern als »wandelndes Wassertor« bezeichnet wird. Heute steht es hier völlig verloren, ohne jeglichen historischen Bezug zu diesem Bezirk.

Der Südpark, links das Fotomuseum [FOMU]

Mit dem Bahnhof und den Docks verschwand auch das Leben bzw. die Seele aus diesem Teil des Südviertels. Verfall war die Folge. Skipper, Kneipen, Frühmarkt und Fischversteigerung verschwanden. Als Ende der 1970er-Jahre die Regionalisierung kultureller Angelegenheiten Realität wurde, kam es zu einem Aufschwung im Bezirk.

Eine avantgardistische Theatergruppe ließ sich nieder im »Zuiderpershuis«. Dieses hydraulische Maschinengebäude lieferte den Wasserdruck für den Betrieb [heute verschwundener] Brücken und Schleusen. Schnell danach war ein Museum für zeitgenössische Kunst [M HKA] in ehemaligen Silos untergebracht, und das Fotomuseum fand Unterkunft im »Pakhuis Vlaanderen«, in dem früher exotische Waren wie Kakao, Baumwolle, Kokosfett und Muskatnuss gelagert wurden.

Vor einigen Jahren musste der oberirdische Parkplatz einer öffentlichen Grünfläche weichen: dem sogenannten »Zuidpark« [Südpark]. Der Parkplatz ist inzwischen eine kostenpflichtige Tiefgarage. Darüber ist jetzt reichlich Raum für Spaziergänger und spielende Kinder. Ich stehe unserem Stadtrat oft kritisch gegenüber, aber hier wurde eine visionäre Stadtentwicklung verfolgt! Von einer Sitzbank aus hat man einen hervorragenden Blick auf die Kathedrale in der Ferne.

Nachdem die Docks zugeschüttet worden waren, wurde auf der Schleuse, die die Docks mit der Schelde verband, Anfang der 1970er-Jahre zugunsten des Arbeitsgerichts und des Berufungsgerichts eine Monstrosität errichtet. Ja, es musste »modern« sein, aber niemand würde den Abriss bereuen.

M

Ich werde am **Scheldekai** etwas frische Luft schnappen. Als der Hafen endgültig in den Norden der Stadt verlegt wurde, blieb dieser Teil von »Het Zuid« verwaist [ohne seine ursprüngliche wirtschaftliche Aktivität]. Entlang der Schelde stehen heute überwiegend Bürogebäude aus den letzten Jahrzehnten.

Die Kailandschaft wurde neu gestaltet: Handel und Schifffahrt sind der Erholung am Wasser gewichen. Hier lässt es sich wunderbar spazieren gehen, und abends bei Sonnenuntergang treffen sich die jungen Leute. Doch der Autoverkehr verläuft weiterhin wie eine Narbe zwischen den Scheldekais und den Anwohnern. Spaziergänger sollten in der Lage sein, die Kais zurückzuerobern, doch der Stadtrat hatte [noch] nicht den Mut, den Autoverkehr entlang der Kais einzuschränken. Sie versuchen, sowohl die Ziege als auch den Kohl zu sparen.

N Ich laufe nun zurück am **Museum für zeitgenössische Kunst [MHKA]** vorbei.

O Auf der anderen Seite [der Nordseite des Vlaamsekaai] sehe ich eine außergewöhnliche **Gebäudeserie**, die hier **im neoflämischen Renaissancestil** realisiert wurde. Dieser Stil wurde von der Elite hochgelobt, weil sie den Patriotismus betonte oder eine Verbindung zur Vergangenheit herstellte und so die belgische Identität stärkte.

Ich stehe jetzt vor der Wahl: zurück zur Straßenbahnhaltestelle, an der ich meinen Spaziergang begonnen habe, oder meine Frau anrufen, um gemeinsam in der Nähe des Museums essen zu gehen. An Restaurants, Bars und Cafés mangelt es in diesem Viertel nicht. Das Bistro **»Hart&Ziel«** [Herz und Seele] hat einen Retro-Vintage-Look.  Die Terrasse vom **»Heiligen Huisken«** lädt auf einige ›Bollekens‹ ein. 5

Dieses trendige, mondäne, sogar leicht snobistische Chichi-Viertel entspricht sicherlich nicht dem Durchschnitt der Antwerpener Bevölkerung. Wer hier abends ein Restaurant oder ein Café besucht, trifft auf seinem Weg vor allem jüngere, weiße, höher gebildete Doppelverdiener. Ein Antwerpener hat sowieso schon eine große Klappe [und einen dicken Hals], aber je später, desto mehr Lärm macht er.

EPILOG:
DIE ANTWERPENER SEELE

Liebe Leserinnen und Leser, auf der Suche nach der Seele meiner Stadt ist mir klar geworden, dass es keine allumfassende Antwort auf diese Frage gibt. Schließlich lässt sich die Antwerpener Seele nicht in einem Einzeiler einfangen. Wie ein Diamant hat sie mehrere Facetten.

Die Lebensader und zugleich ein wichtiger Teil der Seele oder des Herzens unserer Stadt ist der mächtige Fluss, der uns Wohlstand bringt und an dessen Ufer wir gerne Rad fahren, feiern und uns bei Sonnenuntergang verlieben. Als Schüler trugen wir nicht ohne Stolz den Namen »Scheldemöwen«. Obwohl der Hafen die Altstadt verlassen hat, bleibt die Verlockung des Wassers und der fernen Meere im alten Hafenviertel bestehen.

Die Antwerpener Seele wohnt jedoch auch in den außergewöhnlichen Gebäuden aus dem 16. Jahrhundert. Es ist – in aller Antwerpener Bescheidenheit – ein Weltkulturerbe, das vom stolzen Rathaus über das humanistische Druck- und Verlagshaus von Christoffel Plantin bis hin zur Kathedrale reicht. Kann ein Gebäude eine Seele haben? Ja, viele Antwerpener werden unmittelbar »ihren« Liebfrauenturm mit Tränen in den Augen als die Seele bezeichnen, die sich über der Stadt erhebt. Auch wenn es nur noch wenige praktizierende katholische Gläubige gibt, scheint das religiöse Erbe ein Teil unserer Seele zu bleiben. Heutzutage glauben die Antwerpener eher an Allah und Jahwe als an Gottvater und Maria. Doch tief im Inneren glauben sie vor allem an sich selbst.

Ein anderer Aspekt der Antwerpener Seele ist ihr Hang zum Kommerz. Das Antwerpener Credo lautet »Business First«, weil hier der Geist des Handelsgottes Merkur herrscht. Zwangsläufig ist die Antwerpener Seele daher eher konservativ. Wer etwas hat, möchte es auch behalten [hauptsächlich für sich]. Die Antwerpener geben ihr Geld jedoch gerne aus, denn Prahlen mit Geld ist ein untrennbarer Teil der Antwerpener Seele. Antwerpen ist eine Barockstadt schlechthin: Die Antwerpener Seele liebt Dekor, Prahlerei und Theater. Ein Hauch von Snobismus ist uns nicht fremd.

Die Antwerpener, die Sie mittlerweile als ›Seigneurs‹ oder ›Sinjoren‹ kennen, sind zu Recht stolz auf die Geschichte ihrer glorreichen Stadt und berühmte Persönlichkeiten wie P.P. Rubens. Die Antwerpener Seele ist daher geprägt von Stolz, Prahlerei und Chauvinismus, oft bis zur engstirnigen Eitelkeit [zumindest nach Ansicht der Nicht-Antwerpener]. Die wahre lebendige Seele, die unsere Stadt begeistert, sind schließlich die Einwohnerinnen und Einwohner selbst. Hier wird deutlich, dass diese Seele in den letzten Jahrzehnten auch sehr vielfältig und exotisch geworden ist. Antwerpener verstehen sich gerne als Weltbürger. Ihr Interesse an und Wissen über andere Kulturen in ihrer eigenen Stadt sind jedoch eher begrenzt. Umgekehrt wird es einige Zeit dauern, bis sich die neuen Kulturen mit unserer Antwerpener Mentalität vermischen.

Auf der Suche nach der Seele meiner Stadt kam nach und nach die Erkenntnis, dass sie auch der Spiegel meiner eigenen Emotionen und Lebensgeschichte ist. Ich bin hier zur Schule gegangen und habe an der Antwerpener Universität Wirtschaftswissenschaften studiert. So wuchs mein Interesse am Hafen. Hier lernte ich meine Frau kennen, und hier fiel unser Lebensabenteuer mit unserer Liebe zu dieser Stadt zusammen. Nach langer Abwesenheit habe ich in den letzten 15 Jahren als Einwohner und Stadtführer meine Stadt und ihre Seele wieder neu entdeckt.

Die Seele meiner Stadt hat auch einen Klang, einen Geruch und einen Geschmack, weil an vielen Orten in Antwerpen persönliche Sinneseindrücke kleben: der Klang des Glockenspiels von »unserem Liebfrauenturm« im Schatten der Kathedrale, der Geschmack eines ›Bollekens‹ [nur vom Fass] auf einer Terrasse, die frische Luft entlang der Schelde, ein »etwas anderes« Restaurant.

Für viele ausländische Gäste, die an Antwerpen vorbeifahren, steht meine Stadt für Staus auf der Autobahn. Umso größer ist das Staunen, wenn man ein paar Tage in dieser lebendigen Stadt verbringt. Anders als andere Städte, die ihre Seele dem Massentourismus verkauft haben und wo das Zentrum sich zu einem großen Fast-Food-Laden für Selfie-Touristen entwickelt hat, schafft es Antwerpen trotz steigender Touristenzahlen, noch sein Flair – seine Seele – zu bewahren. Kultur- und Mehrwertsuchende – wie Sie – kommen in Antwerpen voll auf ihre Kosten. Dies ist eine echte Stadt. Hier leben echte Menschen, mal mit großer Klappe, mal mit Meckern und Murren, aber immer stolz auf ihre Stadt.

Bis bald in Antwerpen.

Johan Dieleman

DANKSAGUNG

Diese Suche nach der Seele meiner Stadt wäre ohne die Geduld meiner lieben Frau und die Begeisterung und Hilfe von Claudia Spurk und Prof. Dr. Peter Winterhoff-Spurk niemals möglich gewesen.

ENDNOTEN

1 Die Aussichtsplattform ist über die Treppe in der Tourist-Information erreichbar (nur während der Öffnungszeiten).

2 Das Vleeshuis-Museum wird in den kommenden Jahren einer umfassenden Restaurierung unterzogen. Der Eingang wird auf die Scheldeseite verlegt. Möglicherweise müssen Sie einen kleinen Umweg entlang der Palinggracht machen, um auf die andere Seite zu gelangen.

3 Der Innenhof ist nur während der Museumsöffnungszeiten zugänglich. Der Eintritt ist frei.

4 Die Kais werden in den kommenden Jahren renoviert, sodass die Spazierterrassen über den alten Lagerhallen vorübergehend nicht zugänglich sind. Außerdem gibt es Pläne, den Bereich rund um die Burg in eine Fußgängerzone umzuwandeln, sodass ein Tunnel für den Autoverkehr gebaut werden muss. Hier liegen noch viele Straßenbauarbeiten vor uns.

5 Wenn Sie nur den Innengarten besuchen möchten, ohne die Museumsräume zu betreten, können Sie versuchen, an der Rezeption um Erlaubnis zu bitten.

6 Die Handelsbörse ist nur beschränkt zugänglich weil sie an einen Privatunternehmer vermietet wurde. Der Besuch ist in der Regel während der Sommerferien und an veranstaltungsfreien Tagen möglich.

7 Der zukünftige Eingang zum Rubenshaus wurde in die angrenzende Straße Hopland verlegt, wo ein neues Besucherzentrum bereits einen Ausblick darauf gibt, was das Rubenshaus im Jahr 2030 (?) zu bieten hat.

8 Bei diesem (und dem folgenden) Spaziergang besuchen Sie die Kathedrale, für die Sie Eintritt zahlen müssen, es sei denn, Sie besuchen nur den Gottesdienst oder die Gebetskapelle. Die anderen Kirchen – außer Carolus Borromeus – sind meist nur nachmittags für den Publikumsverkehr zugänglich, da sie von Freiwilligen für uns geöffnet gehalten werden. Auf der hervorragenden Website unserer monumentalen Kirchen https://mkantwerpen.be/ finden Sie praktische Informationen zu den Öffnungszeiten und etwaigen Eintrittspreisen, aber auch passende Beschreibungen auf Deutsch.

9 Der Garten ist nur während des akademischen Jahres geöffnet.

10 Es gibt eine Straßenbahnhaltestelle (Tram 7) direkt am Lotsendienst (Brouwersvliet), oder Sie gehen von der Burg etwa 300 Meter in nördliche Richtung den Kai entlang.

11 Das Panoramadach vom MAS ist Dienstag bis Sonntag von 9.30 bis 22 Uhr (letzter Einlass um 21.30 Uhr) geöffnet.

12 Während der Bürozeiten – und vorausgesetzt, dass keine Veranstaltung stattfindet – kann man im überdachten Innenhof der ehemaligen Feuerwache die gleiche Luftaufnahme des Hafens entdecken wie im Hafenpavillon neben dem MAS.

Die wichtigsten Straßenbahnlinien

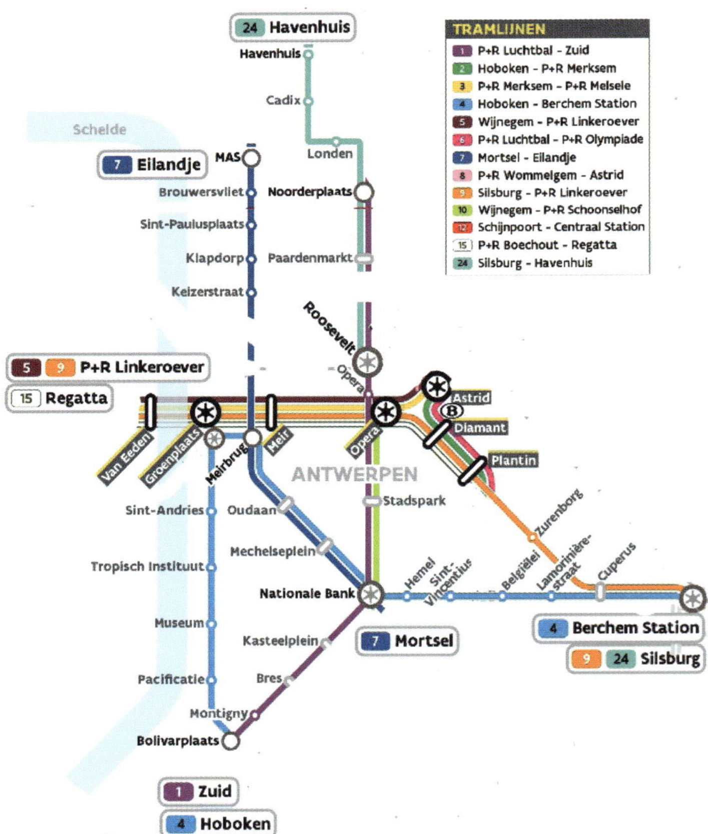

WEITERE STÄDTE ...

Blick ins Buch:
https://www.seume-verlag.de/buecher/seumes-promenaden-hemmel-on-aehd

»Hemmel on Ähd«

Unterhaltsame Spaziergänge durch Düsseldorfs Kultur und Geschichte.

VON CHRISTOPH PAUL HARTMANN

Düsseldorf bietet ein Feuerwerk von Kunst, Musik, Literatur und Geschichte. Auf sechs unterhaltsamen Spaziergängen führt Sie der Journalist Christoph Paul Hartmann zu Heinrich Heine, Clara und Robert Schumann und Ferdinand Lasalle, aber auch zu einer revolutionären Gräfin, einer verräterischen Karnevalsnacht sowie einer echten und einer erfundenen Liebesgeschichte. Ein Buch für Düsseldorfer, für solche, die es werden wollen, und für Reisende auf Entdeckungstour in einer spannenden Stadt!

Seume-Reihe
›Promenaden‹
1. Auflage
Klappenbroschur, 200 Seiten
Preis: 19,90 €
ISBN: 978-39818850-6-4

»Hunde bitte an die Leine zu führen«

Unterhaltsame Spaziergänge durch Hannovers Kultur und Geschichte.

VON GERHARD WEBER

Lassen Sie sich von dem Theatermann und gebürtigen Hannoveraner Gerhard Weber an die Orte der Stadt führen, wo einst so berühmte Künstler wie G. Benn, K. Schwitters, W. Busch arbeiteten, lebten und sich inspirieren ließen.

Blick ins Buch:
https://www.seume-verlag.de/publikationen/seume-promenaden-hunde-bitte-an-die-leine-zu-fuehren

Seume-Reihe
›Promenaden‹
2. Auflage
Pläne für alle Spaziergänge
viele Abbildungen
200 Seiten
Preis: 16,90 €
ISBN: 978-3-9814045-9-3

Blick ins Buch:
https://www.seume-verlag.de/publikationen/seume-promenaden-dass-ich-in-leipzig-gluecklich-seyn-werde

»... daß ich in Leipzig glücklich seyn werde ...«

Unterhaltsame literarische Spaziergänge durch das alte Leipzig.

VON OTTO WERNER FÖRSTER

Die »Seele« einer alten Kulturstadt wie Leipzig erschließt man vor allem über ihre Geschichte. Zugänge der besonderen Art bietet dafür die alte Form der literarischen »Promenade«: Zusammenhänge werden sichtbar, scheinbar ferne Ideen- und Lebenswelten, die vielfältigen Wurzeln der Gegenwart des Erzählers. Der Leipziger Literaturhistoriker, Gemanist und Schriftsteller Otto Werner Förster führt fundiert und unterhaltsam durch 800 Jahre Leipziger Geschichte.

Seume-Reihe
›Promenaden‹
1. Auflage
mit Stadtplan aller
Spaziergänge und
vielen Abbildungen
160 Seiten
Preis: 16,90 €
ISBN: 978-3-98140-452-4

»Glückliches Stuttgart, nimm freundlich den Fremdling mir auf!«

Unterhaltsame Spaziergänge durch die schwäbische Metropole.

VON WOLFGANG CHUR

Hier begegnet man geschichtsträchtigen Gebäuden, kulinarischen Geheimtipps und beeindruckenden Literaturgrößen wie Friedrich Schiller, Gustav Schwab, Wilhelm Hauff, Friedrich Hölderlin, Eduard Mörike oder dem Verleger Johann Friedrich Cotta. Dichter und Denker kommen dabei in zahlreichen Gedichten und Zitaten zu Wort.

Blick ins Buch:
https://www.seume-verlag.de/publikationen/seume-promenaden-glueckliches-stuttgart-nimm-freundlich-den-fremdling-mir-auf

Seume-Reihe
›Promenaden‹
3. Auflage
Pläne für alle Spaziergänge
viele Abbildungen
170 Seiten
Preis: 16,90 €
ISBN: 978-3-9814-045-8-6

Mehr Bücher finden Sie unter:
www.seume-verlag.de/buecher

Viele spannende Artikel verschiedener Autorinnen und Autoren zu interessanten Persönlichkeiten, Reisen, politischen und historischen Themen finden Sie im Seume-Journal:

www.seume-verlag.de/journal

»Seume und Stolle, Apokryphen und Gartenlaube, Aufklärung und Unterhaltung – das sollen die Ankerpunkte des Journals sein. Alles, was über den Tag hinaus mitteilens-, lesens- und erinnernswert scheint.«